O CÉREBRO
DE ALTA PERFORMANCE

CARO LEITOR,

Queremos saber sua opinião sobre nossos livros.
Após a leitura, curta-nos no facebook/editoragente,
siga-nos no Twitter@EditoraGente e visite-nos no site www.editoragente.com.br.
Cadastre-se e contribua com sugestões, críticas ou elogios.

Boa leitura!

LUIZ FERNANDO GARCIA

O CÉREBRO
DE ALTA PERFORMANCE

Como orientar seu cérebro para resultados e aproveitar
todo o seu potencial de realização

Editora
Marília Chaves

Editora de Produção Editorial
Rosângela de Araujo Pinheiro Barbosa

Controle de Produção
Fábio Esteves

Preparação
Gabriela Ghetti

Projeto Gráfico
Neide Siqueira

Editoração
Join Bureau

Revisão
Malvina Tomáz

Capa
Pedro Oliveira

Imagens de miolo
Lucky-Irene/Shutterstock (p. 17)
Matthew Cole/ Shutterstock (p. 22)
UIG via Getty Images (p. 24)
Athanasia Nomikow/ Shutterstock (p. 68)

Imagem de capa
ratch/ Shutterstock

Impressão
Bartira

Copyright © 2013 by Luiz Fernando Garcia
Todos os direitos desta edição são reservados à Editora Gente.
R. Dep. Lacerda Franco, 300 – Pinheiros
São Paulo, SP – CEP 05418-000
Telefone: (11) 3670-2500
Site: http://www.editoragente.com.br
E-mail: gente@editoragente.com.br

Dados Internacionais de Catalogação na Publicação (CIP)
(Câmara Brasileira do Livro, SP, Brasil)

Garcia, Luiz Fernando
  O cérebro de alta performance : como orientar seu cérebro para resultados e aproveitar todo o seu potencial de realização / Luiz Fernando Garcia. – São Paulo: Editora Gente, 2013.

  Bibliografia.
  ISBN 978-85-7312-908-3

  1. Ambiente de trabalho 2. Comportamento humano 3. Conduta de vida 4. Decisões 5. Inconsciente (Psicologia) 6. Trabalho – Aspectos psicológicos I. Título.

13-10017   CDD-658

Índices para catálogo sistemático:
1. Comportamento humano : Administração   658

Dedico este livro à minha esposa, Letícia, e aos meus três filhos, Lucca, Manuela e Diego, cuja alegria maravilhosa me alimenta. Quanto mais me desenvolvo, mais percebo a importância do amor muito especial que tenho o privilégio de receber deles.

Sumário

Introdução   9

1 O funcionamento do cérebro   19

2 O córtex na conduta empreendedora   35

3 Visualização   79

4 Desafios   109

5 É preciso ter foco   131

6 Mapas de percurso   151

7 Expectância e *drive*   169

8 Tolerância à incerteza   191

Aprender é a maior vocação do cérebro   201

Referências   205

Introdução

Vivemos em um mundo cada vez mais dinâmico e competitivo. Decisões precisam ser tomadas de maneira rápida e agora dificilmente um profissional passa anos e anos em uma empresa. A noção de carreira foi substituída pela de "projeto" e, no fim das contas, todos os profissionais são vendedores de si mesmos. Nesse contexto, uma boa primeira impressão é crucial – e pode ser a única oportunidade de sucesso.

Este livro não busca ensinar neurofisiologia de forma acadêmica – ou você pararia a leitura agora mesmo e procuraria outra fonte de informações, outra maneira de aprimorar suas habilidades no trabalho ou em qualquer outra área de sua vida.

A proposta que você encontra aqui e em todas as páginas adiante é mais simples: compreender que temos em nossa cabeça um equipamento poderosíssimo, que orquestra nossas escolhas e nossas reações e faz com que exista um modo de agir a partir de sistemas que se interligam como uma rede e que determinam padrões de comportamento de natureza inconsciente. E entender que há um sistema que estabelece, através de estruturas que criamos, redes neurais que determinam nosso futuro e nossas decisões. Para isso, vamos passar rapidamente pelo cérebro, suas regiões e sua forma de operar.

Todos os dias presenciamos exemplos disso, como é o caso de Dani, que sempre foi um bom profissional e, aos 33 anos, sente-se mais produtivo do que nunca. Conseguiu crescer na empresa e se tornou encarregado do setor em que trabalha. Sua competência é realmente inquestionável, apesar de sua apresentação pessoal deixar um pouco a desejar. Dani, além de ser um pouco baixinho – mede 1,67 m – não liga muito para a aparência e se veste até um pouco mal. Como não faz o menor esforço para ser atraente, ele realmente não o é. Tudo corre bem em termos de carreira, e Dani consegue responder às demandas do chefe e da missão da empresa que o contratou, e ainda mais: no momento existe uma ótima oportunidade para um cargo de supervisão na nova sede, e ele é um dos candidatos. Tudo seria perfeito se não fosse por uma única pedra que ele tem no sapato, seu colega de trabalho, Marcos.

É possível dizer que Marcos é tudo o que Dani não consegue ser: também está sendo cotado para a vaga e, embora não seja tão detalhista, é muito carismático, bonito e sabe como se posicionar sobre qualquer assunto com postura aberta e confiante. Marcos (inconscientemente ou não) chama a atenção de quem passa por ele. Nem é preciso desenvolver muito as opiniões de Dani sobre Marcos: para Dani o colega é simplesmente "um oco", pois enquanto Marcos propõe para a equipe visualizações de cenários, planejamentos desnecessários e é muito apegado à imagem, Dani se preocupa com a consistência prática daquilo que passa por ele.

O líder responsável pela seleção do novo supervisor decide pedir aos candidatos que façam a apresentação de uma ideia para um novo produto já definido para a empresa. Para essa tarefa, Dani se sente relativamente seguro de si, uma vez que já tem sete anos de empresa, ao passo que Marcos tem apenas dois, e confia que vai conseguir completar o projeto no prazo estipulado.

Ele passa noites em claro e realmente faz a apresentação de sua vida. No dia de mostrá-la para o conselho, ele até se atrapalha um pouco, atrasa-se para atualizar os dados e acaba fazendo *slides* sem muito apelo, porém irretocáveis em termos de informação. Imprime os relatórios correndo e vai para a sala de reunião, abatido e sem ter treinado o que dizer, mas com tudo muito consolidado na cabeça. Ele sabe que seu foco é produção e deixa aquilo que considera "perfumaria" para seu competidor.

Quando o conselho chega à sala de reunião, Dani já nota que Marcos está esperando a todos com pastas que contêm seu relatório impresso em papel especial e cumprimenta um a um dos diretores com um caloroso aperto de mão e fazendo perguntas sobre a semana e os departamentos de cada um. "Como sempre", pensa Dani, "para que tanto puxa-saquismo?". Marcos é o primeiro a mostrar o que fez e entrega ao conselho uma verdadeira performance, uma apresentação animada, extremamente estética e menos densa do que a de Dani. Ao final, ele responde às perguntas do comitê e logo se senta.

Dani sabe que Marcos não tem a mesma consistência de trabalho que ele e, apesar de inseguro a princípio para apresentar seu projeto, fica aliviado quando percebe que terminou e que, indiscutivelmente, fez um bom trabalho. Está convencido de que seu projeto é o melhor, mesmo quando vê todos os diretores guardando a folha de seu relatório na pasta que Marcos providenciou.

Algumas semanas depois, Dani é chamado pelo chefe para conversar e é informado de que seu superior realmente apostava nele para que conseguisse a sonhada vaga, uma vez que todos esses anos de convivência o fizeram confiar muito na sua competência. Contudo, decepcionado com a falta de preparo da apresentação, informa que o promovido foi Marcos. Afinal, o outro candidato conseguiu prender a atenção do comitê e foi lembrado com estima na hora da avaliação – mesmo sendo um cara que, na opinião de Dani, só pensa em imagem e tem pouca profundidade ao fazer pesquisas e planejar o que precisa ser feito. Quando foi necessário se vender para um grupo de desconhecidos, Marcos soube exatamente quais recursos usar.

Dani volta para casa não apenas frustrado, mas bastante preocupado. Depois de tantos anos na empresa, já esperava ter uma posição melhor e crescer o tanto que merece. Será que é realmente mais importante ser o que ele chama de "um puxa-saco" como Marcos? As pessoas se preocupam mais com a beleza, em um culto exagerado à aparência física? Seu relatório precisava mesmo de tanta pirotecnia para ser apresentado? Tudo parecia muito injusto, e Dani não conseguia parar de pensar que, no dia a dia, Marcos não daria conta das atribuições do cargo como ele faria.

O que Dani – e a maioria de nós – ignora é que de fato existe uma percepção que não se vê, algo que seu colega de trabalho soube manipular com maestria. É claro que, no dia a dia, a equipe que trabalha com Dani gosta muito dele e tem confiança nas responsabilidades que ele assume. Contudo, quando estamos em uma situação de tudo ou nada e é necessário deixar uma marca para um grupo de desconhecidos, a verdadeira inteligência está em saber direcionar a percepção que as outras pessoas têm de nós. Muitos não sabem que quem está certo é Marcos, e não Dani. Nesse sentido, Marcos é um profissional muito melhor do que Dani, uma vez que sempre levará a melhor imagem tanto dele quanto da empresa para quem ele precisar mostrar seus novos projetos e produtos. Não basta ser competente, honesto, produtivo – *parecer* também é essencial, pois dará a segurança necessária para que alguém invista na sua causa.

Em termos de neurologia, existem incontáveis pesquisas que lidam com as percepções humanas e com o modo como nós as processamos e reagimos a elas. É fascinante descobrir o funcionamento do cérebro quanto a isso. Entre os estudos de percepção, é possível notar que a memória é um dos temas mais complexos. Ela tem sido analisada há mais de oitenta anos, quando Karl Lashley, psicólogo norte-americano, começou a fazer seus primeiros testes com ratos, que contribuíram para as descobertas atuais sobre como guardamos nossos registros de pessoas e situações.

Para tentar compreender a capacidade que temos de armazenar informações, imagine que a estimativa é de que tenhamos cerca de 10 bilhões de células no córtex (mais à frente explicarei sobre o lugar do córtex no cérebro e suas funções, mas apenas para adiantar: em um pequeno pedacinho de 1 mm^3 do córtex pré-frontal, há mais conexões do que estrelas em nossa galáxia).

A principal região do cérebro responsável por armazenar e recuperar informações é o hipocampo, que faz parte do sistema límbico – mais uma vez, ao longo do livro, esses termos não apenas serão explicados como se tornarão nossas referências para os exercícios e os raciocínios. E essa parte tem sido alvo de importantes avanços que podem nos levar a capacidades de foco e percepção antes inimagináveis.

Para exemplificar a importância de compreender os mecanismos de funcionamento da percepção humana quanto à neurofisiologia, e como são essenciais o treinamento e a utilização do potencial dessa habilidade de nosso cérebro, vamos falar sobre estudos que estão sendo realizados hoje nos Estados Unidos.

Esses estudos mergulham profundamente na nossa capacidade de percepção visual. Assim, começam a estabelecer as relações entre a visão e a memória, ou seja, nossa memória fotográfica. Nossos olhos enviam 72 Gb de informação para o córtex visual, por segundo, e é preciso estimulá-lo a concentrar-se no que de fato é importante. Essa decisão não é consciente, uma vez que é regida por nossas percepções extrassensoriais, como afirma o professor Dean Radin, do Instituto Noetic, no Norte da Califórnia. Ele comenta que essa percepção que não vemos é o que chamamos muitas vezes de intuição. A percepção extrassensorial é o que nos revela, por exemplo, quando estamos sendo observados ou quando temos a sensação de pressentir algo. Para Radin, esse fenômeno é possível quando a pessoa coloca-se em total situação de foco e relaxamento, deixando seus sentidos mais receptivos ao que realmente é o seu objetivo no momento, passando a um estado que chamamos de "sintonizar-se na zona".

Contudo, essa capacidade não é apenas uma função irracional e pode ser utilizada para fins mais práticos e úteis, como mostram estudos da Universidade de Columbia.

Financiada pela Agência de Projetos de Pesquisas Avançadas de Defesa (Darpa) dos Estados Unidos, a Universidade de Columbia realizou estudos para desenvolver um software que auxilie o córtex a processar as informações visuais recebidas a uma velocidade, pelo menos, quatro vezes mais rápida do que nossa capacidade normal. Paul Sarjda, professor de Engenharia Biomédica e Radiologia dessa universidade, diz que o objetivo foi tentar unir a velocidade do computador à flexibilidade de nosso cérebro a fim de otimizar nossos resultados.

Um teste com o protótipo desse software foi realizado com um analista voluntário. Sua missão era identificar todos os heliportos localizados numa série de milhares de imagens tiradas de territórios diversos. Sem o programa desenvolvido, para realizar essa tarefa ele deveria olhar as imagens e marcar cada heliporto que reconhecesse de maneira metódica e exaustiva. O cérebro extrairia os detalhes de cada cena e enviaria as informações para os lobos frontais para que, aí sim, uma decisão pudesse ser tomada, resultando na resposta do córtex motor, como um movimento dos olhos ou um clicar com o mouse. Já com o programa, o acesso à movimentação de sinapses do córtex é imediato: o analista utiliza uma touca de eletroencefalograma com dezenas de eletrodos que registram sua atividade cerebral elétrica logo abaixo da superfície do crânio. Depois desse registro, o programa intercepta todos os sinais, filtra a atividade cerebral irrelevante e focaliza apenas o momento em que os olhos localizam os heliportos – algo que o analista sequer percebe racionalmente no momento em que acontece. Assim, o analista consegue examinar milhares de imagens em poucos segundos – graças à habilidade de nossa mente de perceber com precisão o objeto de interesse, mesmo quando não tem consciência disso. Numa segunda rodada de testes, mais analistas avaliarão os sinais de atividade cerebral para o momento de tomada de decisão e os utilizarão para reordenar ou classificar as imagens, aperfeiçoando e finalizando a busca.

Uma pergunta que todos nos fazemos ao ver esse estudo é: "Mas não é possível criar uma máquina computadorizada que reconheça essas imagens?". A resposta é não, a tecnologia sozinha não tem capacidade para se adaptar e identificar o que se procura quando há uma situação de diversas variáveis (basta pensar naquela máquina fotográfica que sempre reconhece uma placa no lugar de um rosto, dependendo da luz, por exemplo), muitas vezes sem nenhuma lógica. Já nosso cérebro considera todas as variações automaticamente; unindo o processamento de dados da tecnologia à capacidade de percepção do cérebro, é possível atingir resultados precisos e confiáveis a velocidades incríveis. No caso do vídeo, o experimento possui grande valia estratégica para uma ofensiva de guerra, por exemplo, considerando-se que reconhecer o lugar a ser bombardeado com precisão pode determinar os rumos de uma batalha. Contudo, o que de fato nos interessa, ao pensar nessa pesquisa, é compreender que a mente, uma vez treinada, consegue perceber em frações de segundo padrões que nos interessam sem precisar elaborar isso de modo consciente. E essa habilidade pode ser aplicada em diversas situações estratégicas de nossa vida.

Assim como o analista que vê milhares de imagens por segundo não elabora conscientemente o que viu, Dani não consegue entender que tudo na postura de Marcos passa confiança e profissionalismo sem que o comitê consiga racionalizar sobre isso. É a percepção que não se vê, ou melhor, que não vemos.

Depois de anos trabalhando com grupos de empresários e com treinamento de profissionais, consegui comprovar como esse processo de percepções é âncora para atingir resultados concretos. Para isso, é necessário lançar mão de exercícios mentais, estabelecer prioridades para o cérebro, visualizar cenários de modo que o preparem e aprender técnicas para conseguir prever não apenas nossas possíveis reações a situações difíceis, mas a percepção que outras pessoas terão de nós, algo que pode decidir nosso destino em milésimos de segundo.

Quando falhamos com essa preparação, somos como Dani durante a apresentação de sua vida: não importa quão importante é nossa mensagem, ela simplesmente nunca chegará até nossos interlocutores. Quando o indivíduo não se prepara, vive no caos do descontrole das próprias percepções e da dos outros. Se ele não visualiza as situações decisivas pelas quais passará, não se prepara e não se compromete com uma boa primeira impressão, não controla o que o outro perceberá. E a chave para desvendar como essa dinâmica funciona está no entendimento do cérebro.

Imagine uma lâmpada. Para que ela fique acesa – e permita sua leitura após o pôr do sol –, precisa ser ligada a um fio levado até um gerador que, por sua vez, depende de uma usina elétrica para funcionar. Em termos de cérebro, a luz é o córtex pré-frontal, é o que precisa acontecer aqui e agora. Ele se liga a uma rede que traz tudo aquilo que envolve a estrutura do hipotálamo, do tálamo, das áreas pré-frontais, e muito mais. O físico e crítico de arte Mário Schenberg já dizia que "temos vários cérebros, e não um só", para explicar que nossos estágios evolutivos estão todos presentes em nosso cérebro, e assim temos elementos de nosso cérebro de réptil (sensorial e intuitivo), nosso cérebro de mamíferos e os elementos mais racionais do cérebro humano. Pensando nas analogias de Schenberg, é possível dar um salto e dizer que ali, no córtex pré-frontal, repousa nosso último estágio evolutivo, nossas estratégias e decisões, um elemento decisivo nos rumos que nossa vida tomará. E é ele que decide sobre as primeiras impressões, por exemplo.

Em pesquisas sobre atração e percepção, a antropóloga Hellen Fisher constatou que em menos de três minutos fazemos uma análise completa de alguém e já sabemos se aquela pessoa pode ser o amor de nossa vida e, mais, a primeira impressão para percebermos a beleza (ou nosso ideal de beleza nos outros) se dá em menos de um segundo.

Quando encontra uma pessoa pela primeira vez, uma região cerebral chamada de fusiforme se ativa para que você julgue seu rosto (se é bonito, se passa segurança, se parece uma boa companhia), e isso guiará boa parte de seu relacionamento com ela. A primeira impressão, afinal, é muito difícil de apagar. O que até pouco tempo atrás era chamado apenas de instinto já foi definido como algo inconsciente – porque acontece em fração de segundos, de uma maneira que não conseguimos premeditar.

Muitos estudos que se tornaram populares apontam que pessoas mais baixas que a média podem enfrentar dificuldades no mercado de trabalho quando em comparação com pessoas mais altas. O mesmo tipo de pesquisa demonstrou que as pessoas consideradas atraentes conseguem maiores salários e oportunidades de emprego. Diferentemente de uma batalha travada até hoje por mulheres em busca de reconhecimento no mercado de trabalho (e na sociedade como um todo), a situação da pessoa com baixa estatura não é, necessariamente, de origem cultural. A dita popularidade (e o sucesso empresarial) de pessoas com maior estatura tem a ver, também, com nosso inconsciente. Em outro estudo feito pela Universidade de Harvard, foram analisados os CEOs de metade das empresas mencionadas na revista *Fortune*. A média de altura dos homens com os cargos mais altos era três centímetros maior que a dos demais funcionários. A altura transmite mais segurança, mais confiabilidade e, em decorrência disso, cria relações mais estáveis e prazerosas no ambiente de trabalho. Beleza, simetria, homens com barba aparada, mulheres maquiadas, vestimenta conservadora e boa postura também são indicativos que apontam para cargos mais altos e maior chance de sucesso na carreira corporativa.

Agora veja as duas imagens da página seguinte. Na imagem A vemos alguém que está arrumado e com olhar claro. Na segunda, vemos uma pessoa menos sofisticada, com menor abertura para a aproximação. Proponho aqui que você faça um exercício rápido e monte a história de cada uma dessas pessoas. Comece dando um nome para cada uma delas. Elas lhe fazem lembrar de alguém que conhece? A pessoa A, no que trabalha? É casada, seria alguém com quem você conviveria no escritório ou um membro de sua família? A pessoa B, do que gosta,

Imagem A   Imagem B

pelo que se interessa? Ao pensar em histórias sobre as imagens que vemos, organizamos conscientemente nossas percepções sobre elas e fica mais claro que a primeira impressão gera para nós uma narrativa que é cheia de detalhes – e para isso não é necessário sequer abrir a boca para nos manifestar sobre quem somos ou de onde viemos. Parece injusto, mas não é, pois a aparelhagem cerebral para construir esse tipo de julgamento foi desenvolvida em nosso processo evolutivo exatamente para nos proteger e para facilitar nossa tomada de decisão.

É claro que, como exemplificamos aqui, a primeira impressão é a que fica, mas não é imutável. As primeiras impressões que passamos são mutáveis a partir do momento em que convivemos com as pessoas e criamos vínculos a partir de experiências que podem ser positivas ou negativas. Então, não é preciso se desesperar, uma vez que nem tudo está perdido. Voltando ao exemplo de Dani e Marcos, talvez, ao assumir o cargo, Marcos realmente não consiga dar conta de todas as atribuições que terá, sua equipe perceba que ele não é tão confiável e não entrega resultados com a consistência necessária. Tudo isso será papel do estabelecimento de vínculos do dia a dia. Contudo, o que faz de Marcos um vencedor por princípio é sua noção de manipular percepções. Os fatores de primeira impressão, quando é possível gerar vínculos e convivência, passam a ser secundários. É claro, porém, que muito do que se passa em nossa vida não é vinculo, mas primeira impressão, considerando-se que é justamente ela que nos abrirá portas para conhecer melhor alguém ou entrar em uma organização.

Para isso, estudaremos o córtex pré-frontal, nosso juiz das decisões executivas, o último degrau evolutivo de nosso cérebro. O que acontece com Dani acontece com muita gente a todo momento. A análise feita pelo córtex do comitê a respeito de Dani durou alguns segundos e conta muito em momentos de decisão. Isso é algo que comprovei com grupos de treinamento, e pode ser desenvolvido e refinado. O cérebro é um aparelho de aprendizado, ele constrói novas ligações e cria caminhos para performances mais adequadas. Saber orquestrar primeiras impressões nos confere controle sobre nós mesmos e sobre as situações pelas quais passamos. E é disso que vamos tratar neste livro. Boa leitura!

1
O FUNCIONAMENTO DO CÉREBRO

O rápido desenvolvimento da ciência a partir do século XX nos possibilitou conhecer mais sobre o cérebro, e a evolução tecnológica de testes e exames permitiu que víssemos não apenas a disposição de suas regiões, mas também como cada uma delas reagia a estímulos diversos, produzindo sinapses, que é como chamamos o local de contato entre neurônios, onde ocorre a transmissão de impulsos nervosos de uma célula para outra, e de mensagens para o corpo.

Esse tipo de conhecimento muda a abordagem que passamos a ter da mente e de nossas relações, afinal, é do cérebro que tiramos os dois componentes principais de nossa mente: a racionalidade e a intuição. Enquanto a racionalidade cria relações entre fatos e informações para estabelecer um sentido sistemático do mundo, a intuição busca o conhecimento amplo daquilo que "sentimos", e é baseada na experiência e na percepção que aquela vivência deixou. O neurofisiólogo John Eccles explica isso muito bem: os hemisférios do cérebro são responsáveis por esses dois componentes da mente. O hemisfério esquerdo toma conta do lado racional, nossa expressão verbal, a linguagem, ao passo que o visual e espacial é dominado pelo lado direito. Contudo, o cérebro é mais complexo do que essa simples divisão e essas funções não ficam restritas exclusivamente a um lado ou ao outro, pois dependem de outros fatores da fisiologia cerebral.

O cérebro pesa menos do que 1,5 quilo, mas consome 20% da energia necessária para manter o corpo inteiro. Durante o processo evolutivo da humanidade, ao longo de milhares de anos, ele foi se desenvolvendo em camadas – como uma casa antiga à qual cômodos foram sendo adicionados. Isso faz com que ele se divida em regiões que são responsáveis por áreas distintas, mas se interligam a partir de caminhos cerebrais estabelecidos pelos neurônios. Elas gerenciam o que sentimos pelo outro e o modo como trabalhamos os estímulos captados pelos sentidos, e boa parte disso não é percebida conscientemente.

A primeira e mais antiga dessas regiões é o tronco encefálico, nosso cérebro mais antigo. É a região do cérebro que nos mantém vivos, que governa funções básicas como a pressão sanguínea e a respiração. O tronco encefálico é a administração vital de nossa existência, é a ele que Mário Schenberg se refere como nosso "cérebro de réptil".

Centenas de milhares de anos depois da formação do tronco encefálico, outro cômodo foi adicionado ao nosso cérebro, que seria o cérebro paleomamífero. Com ele veio o sistema límbico, que cuida do processamento de nossas emoções. Este também é responsável por regular os processos emocionais relacionados com nossas funções cerebrais, o sistema nervoso autônomo e os processos motivacionais, características inerentes à nossa sobrevivência. São ainda responsabilidade dele os mecanismos de memória e aprendizagem. Animais de caça, por exemplo, foram submetidos a um experimento no qual parte do cérebro de mamífero foi removida. O medo que eles apresentavam de escorpiões simplesmente desapareceu. Sem esse controle cerebral, os bichos chegaram a devorar seus, antes temidos, algozes. É sabido, sem sombra de dúvida, que certas regiões de nosso cérebro – algumas já estudadas e outras que ainda permanecem misteriosas – são responsáveis por ativar, em cada um de nós, reações ligadas a nossas emoções – sejam elas boas ou ruins, agressivas ou dóceis. A partir do cérebro, as sensações captadas se tornam percepções.

O sistema cerebral envolve muita coisa – muita coisa mesmo: a base do cérebro é composta por **gânglios basais**, **tálamo** e **hipotálamo**, que atuam na coordenação de movimentos, organização da transmissão e recepção das informações sensoriais e atividades automáticas do corpo, respectivamente. O **cerebelo**, abaixo do cérebro e sobre o tronco cerebral, coordena os movimentos do corpo ao utilizar as informações enviadas pelo cérebro a respeito dos membros. Neurônios, nervos, feixes de neurônios; ligações e mais ligações que atuam em milésimos de segundo para nos fazer andar, falar e tomar cada atitude, 24 horas por dia, sete dias por semana, 365 dias por ano. A parte do cérebro que nos torna mais humanos, o córtex, divide-se em cinco lobos, que cobre o cérebro e é a camada mais externa. Ele é formado por tecido rugoso de cerca de dois milímetros de espessura e representa grande volume de processamento neural, proporcionando capacidades inerentemente humanas como atenção, consciência, linguagem, percepção e pensamento. Esse último estágio de evolução é, exatamente o córtex pré-frontal, a região mais nova, evoluída e complexa do cérebro.

O córtex controla nossa impulsividade, pois é um mecanismo de julgamentos e raciocínio estratégico.

Foi o córtex pré-frontal que permitiu que a humanidade desenvolvesse sua capacidade de raciocínio simbólico e, por consequência, a formação da cultura e o pensamento abstrato. Os **lobos frontais** são o lugar em que nosso pensamento consciente é processado; é onde resolvemos problemas, pois funcionam como guias do cérebro, sincronizando a dinâmica neural.

> O córtex controla nossa impulsividade, pois é um mecanismo de julgamentos e raciocínio estratégico.

Já o **lobo parietal** corresponde à capacidade de abstração, à tradução de sensações e à orientação do corpo. Nele nossas informações nervosas ganham significado completo. O **lobo occipital** interpreta a visão, enquanto os **lobos temporais** trabalham registros de emoção e memória, fornecendo ao indivíduo a capacidade de identificar e interpretar objetos ao recuperar informações passadas. E o **lobo da ínsula**, localizado na parte interna do córtex, é responsável por mapear nossas emoções. Ele trabalha com o córtex pré-frontal e a amígdala traduzindo as percepções que recebemos por meio de nossos sentidos como cheiro, sons etc. em emoções como empatia, vontade, repulsa.

Nossa capacidade de processamento de informações é impressionante. Segundo pesquisa feita pelos neurocientistas Suzana Herculano-Houzel e Roberto Lent, da Universidade Federal do Rio de Janeiro, há aproximadamente 86 bilhões de neurônios no cérebro humano. Cada um desses bilhões de neurônios do cérebro está ligado a 10 mil outros e assim é capaz de receber 10 mil mensagens ao mesmo tempo; a partir desse colossal volume de informações, o neurônio tira uma única conclusão, a qual, por sua vez, pode ser comunicada a milhares de outras células. Calcula-se que existam entre os neurônios nada menos do que 100 trilhões de contatos – as sinapses.

Partes do cérebro

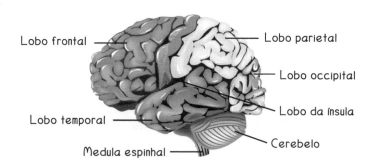

Somada à capacidade do cérebro de processar informações, está uma de suas características essenciais: a plasticidade cerebral. A plasticidade é nossa habilidade de aprender novos caminhos, estabelecer ligações diferentes de neurônios e criar roteiros de reação a partir de experiências e estímulos. E, apesar de serem conhecidas as funções de cada área do cérebro, cada pessoa cria sinapses de um jeito próprio. O biólogo molecular John Medina cita a pesquisa do neurocirurgião George Ojemann para comprovar que não existem cérebros com conexões idênticas, cada um de nós armazena o aprendizado, a linguagem, em lugares diferentes e acessa diferentes caminhos para encontrá-los na hora de usá-los, e, para cuidar de cada informação, separamos neurônios e ligações específicas. Medina afirma que o cérebro é tão sensível a estímulos externos que suas conexões físicas dependem da cultura em que vivemos, pois o aprendizado cria mudanças físicas no órgão e elas serão únicas para cada indivíduo, de acordo com as relações criadas entre os estímulos e a sedimentação de experiências.

O pesquisador Eric Kandel, um dos agraciados com o prêmio Nobel de Medicina no ano 2000, revelou em seus estudos que até mesmo a aquisição de informações simples representa alterações nas estruturas físicas dos neurônios que participaram desse processo, considerando-se que, à medida que aprendem, nossos neurônios sofrem oscilações e divisões, formando conexões com outros vizinhos ou fortalecendo ligações elétricas já existentes – tornando-as assim mais rápidas.

Agora, vamos nos deter um pouco mais em estruturas cerebrais que influenciam nossas decisões e que serão passíveis de treino e modelação a partir dos exercícios apresentados nos próximos capítulos.

O NÚCLEO ACCUMBENS E O CIRCUITO DO PRAZER

Se existe uma grande desculpa para explicar cada decisão ruim que já tomamos, podemos recomeçar nossa história daqui para a frente culpando o núcleo accumbens, integrante do sistema límbico. Ele registra nossas sensações positivas e orquestra nosso circuito do prazer, fazendo com que o cérebro não meça consequências para reproduzir o que nos gera satisfação. É claro que o prazer em si não é algo ruim, uma vez que a função científica do prazer para qualquer ser vivo é garantir a sobrevivência e a perpetuação da espécie. O prazer leva os seres humanos, desde a fase embrionária, a buscar experiências que farão seu cérebro estabelecer as ligações corretas para sua sobrevivência. As conexões que mais produzem prazer são constantemente estimuladas e, por isso, reforçadas; as menos utilizadas acabam sendo eliminadas.

O circuito do prazer nos impulsiona a buscar satisfação, a nos reproduzir, nos alimentar e sobreviver, e com isso criar ligações no cérebro que proporcionem todos esses processos. O núcleo accumbens é parte decisiva desse circuito, pois é a estrutura que recria as

> O prazer leva os seres humanos, desde a fase embrionária, a buscar experiências que farão seu cérebro estabelecer as ligações corretas para sua sobrevivência.

sensações prazerosas experimentadas e origina, em muitas pessoas, o problema da compulsão, considerando-se que ele não faz contas daquilo que podemos perder ou ganhar ao seguirmos nossos impulsos e transformarmos nossos prazeres em urgências. Basta pensar em viciados em jogo: o núcleo accumbens não os avisará de quantas vezes os apostadores perderam dinheiro, mas acenderá a lembrança do prazer que existiu quando ganharam.

Núcleo accumbens

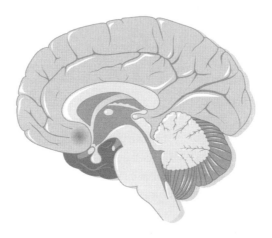

Existe um experimento clássico feito com ratos que trata do núcleo accumbens e da dinâmica do vício. Em 1953, os psicólogos James Olds e Peter Milner pesquisavam o processo de aprendizagem em ratos, colocando elétrodos que estimulavam o circuito do prazer dos roedores e que ao ser acionados davam a sensação de satisfação. Os pesquisadores constataram que os animais de laboratório acionaram a alavanca que ativava o impulso elétrico até sete mil vezes por hora – pode parecer estranho ou fantástico, ou impossível, mas o que esse estudo demonstra é que como não era possível apertar a tecla de modo contínuo na sua velocidade, eles aplicavam aproximadamente dois apertos por segundo. Isso tornou-se o centro da vida deles, fazendo com que deixassem de comer ou tomar água e se esquecessem da própria sobrevivência.

As ligações cerebrais do circuito do prazer compreendem a pequena área ventrotegmental, responsável por reagir a certos estímulos exteriores liberando dopamina, a substância que ativa diferentes regiões cerebrais: o núcleo accumbens; a amígdala e o córtex cingulado anterior, que regulam nossas emoções; o núcleo estriado, que intervém nos processos de aprendizagem; o hipocampo, fundamental para a memória; e o córtex pré-frontal, o juiz de nossas decisões. O núcleo accumbens libera ainda outro neurotransmissor, chamado "GABA", na área ventrotegmental (um inibidor, que traz a sensação de tranquilidade e alívio da ansiedade) a fim de moderar a atividade dopaminérgica (liberação de dopamina).

Uma vez que a capacidade de sentir prazer está bem no centro de nossa existência e da tomada de decisões, fica claro que manejar nosso cérebro e o das outras pessoas, para direcionar a criação de boas sensações, não apenas é algo que pode ser treinado e estimulado como é absolutamente necessário. A manipulação de nosso centro de prazer e o treino para lidarmos melhor com ele pode servir como ferramenta de motivação e construir condutas empreendedoras com eficácia.

A AMÍGDALA

Ainda na área de nossas emoções fortes, além do prazer, os seres humanos possuem outro grande motivador: as amígdalas, que são responsáveis pela reação ao estímulo através do impulso – por isso desviamos o carro de outro como em um reflexo. Essa reação, porém, é orquestrada pelo córtex com certo atraso por reconhecer riscos e gerar medo. São duas pequenas partes do cérebro (daí vem seu nome, originário do grego, "amêndoas") e estão posicionadas uma de cada lado dele. Entretanto, não se engane: embora sejam estruturas pequenas, são o centro de comando de nossas reações emocionais, como afirma a pesquisadora Elizabeth Phelps, da Universidade de Nova York. As amígdalas são responsáveis por pensarmos na estrutura de "se eu fizer isso, pode acontecer aquilo". Quando são removidas, levam junto nossa capacidade de avaliação de consequências.

O comando da marinha norte-americana, em San Diego, Califórnia, percebeu que havia uma necessidade imensa de explorar o efeito do medo sobre as pessoas. Os comandantes, ao analisar erros históricos cometidos em batalha, chegaram à conclusão de que quase sempre eles estavam associados ao medo e ao pânico – emoções perigosas durante cenários de guerra. A partir dessa constatação, a marinha tenta em seus treinamentos expor os alunos ao máximo de caos que puder criar. Dessa forma, ela encontra recursos para que os recrutas modifiquem e condicionem a maneira como seu cérebro reage ao medo. Uma confirmação dessa teoria é que, em média, de uma turma de 140 recrutas apenas 36 chegam ao final, e os que são capazes de se formar, na verdade, são aqueles mais habilitados para adaptar o cérebro às exigências da função – e não os mais fortes e de melhor condicionamento físico. Assim, a marinha norte-americana encontrou na neurociência uma maneira de elitizar ainda mais seus soldados e fez grandes investimentos em pesquisa na área.

Diante do medo, a amígdala reage à informação enviada pelos nossos sentidos acionando o modo pânico dentro de nós. Ela é uma das regiões mais interconectadas do cérebro, que envia informações para o tronco encefálico e daí para o corpo todo: começamos a suar, ficamos sem ação ou saímos correndo por instinto. Por mandar tantas informações tão rapidamente, o pânico se torna uma caixinha de surpresas de reações.

Depois de serem expostos a situações de medo com frequência, os recrutas conseguem moldar o cérebro para lidar com elas. De acordo com as constatações dos cientistas, isso ocorre porque, com a evolução humana outra parte do cérebro também passa a processar o medo: o córtex. Então, a grande descoberta foi saber que os estímulos de medo chegam à amígdala com o dobro da velocidade que demoram para chegar aos lobos frontais. A diferença de velocidade de recepção desses sinais significa que sabemos reagir de imediato a uma ameaça, caso contrário ficaríamos paralisados de medo, esperando os lobos frontais tomarem a decisão correta. Por trás do medo e do pânico está o desconhecido, e muitas vezes a amígdala manda sinais de medo extremamente rápidos, mas que são precipitados e, assim que conseguimos pensar com maior clareza, deixamos de senti-los. Esses sinais muito rápidos da amígdala podem ser controlados "de cima para baixo", conforme explica Phelps, algo que vemos acontecer no treinamento que ensina os recrutas a diminuir o *delay* de informação para o córtex.

> Por trás do medo e do pânico está o desconhecido.

Outro exercício elaborado pela marinha norte-americana para condicionar as reações da amígdala é encapuzar os oficiais, montar à sua volta cenários variados e tirar a venda repentinamente, revelando situações inesperadas. Quando o capuz é retirado, eles podem ser atacados pelo instrutor ou dar de cara com alguém que só está pedindo uma informação para chegar a um posto de gasolina. O importante é não serem dominados pelo medo. Eles têm menos de um segundo para reagir quando o cenário se apresenta, isso mostra que o pânico será cada vez menos viável ao longo da carreira. A estrutura de reação ao inesperado é então alterada por meio de repetidos treinos.

As estruturas cerebrais que citamos aqui produzem sensações dentro de nós, e a elas respondemos reagindo de acordo com um conceito chamado lócus (lugar, em latim) de controle, criado pelo psicólogo Julian Rotter, em 1954, no artigo "Psychological Monographs". Ele envolve a influência de nossas experiências passadas sobre nossos futuros desafios. Existem dois: o lócus interno e o lócus externo. Rotter parte da teoria atribucional que afirma que as pessoas tendem, em geral, a buscar explicações sobre as condutas, seus resultados e suas consequências, com o fim de predizer, compreender, justificar e controlar o mundo. Todos buscamos explicações aos fenômenos que ocorrem no ambiente, aos nossos comportamentos e aos dos demais. A atribuição da casualidade foi denominada como o fenômeno do Lócus de Controle, que faz parte de sua teoria de aprendizagem social.

Nessa teoria, um evento considerado por algumas pessoas como prêmio ou reforço (estímulo positivo que se recebe diante de uma conduta que faz com que esta se repita no futuro), pode ser percebido por outros de maneira diferente e produzir reações distintas diante dele. Um dos determinantes dessa reação é o grau pelo qual os indivíduos percebem que a recompensa está associada às próprias condutas ou atributos (Lócus de Controle Interno) *versus* o grau em que sentem que a recompensa é controlada por forças externas a eles e podem ocorrer independentemente de suas ações (Lócus de Controle Externo).

Simplificando, pessoas com o comportamento de lócus externo predominante têm dificuldade em acreditar que seu campo de influência é alto e enxergam seu papel no mundo como o de simples coadjuvantes, sem muito a oferecer ou completar. Assim, os verdadeiros protagonistas são aqueles que a cercam, como seus pais, filhos, irmãos, chefe, subordinados, o papa e o presidente dos Estados Unidos. Nunca elas mesmas.

Já pessoas com o lócus interno mais desenvolvido acreditam, verdadeiramente, que estão no controle total de sua vida. Que seguram o volante do carro que as guiará para o destino certo, seja ele qual for. Agem por conta própria quando precisam enfrentar problemas que ocorrem e compreendem que o resultado é consequência de sua competência (ou de suas falhas).

Portanto, entender o funcionamento do lócus permite que a conduta ou a personalidade empreendedora de uma pessoa seja medida quando analisamos sua qualidade de empreender. Rotter foi o primeiro a incorporar essa construção à sua teoria e a sistematizar as primeiras descobertas, contudo, numerosos autores têm investigado o tema.

A atribuição do fracasso a causas estáveis leva com maior frequência a expectativas de futuros fracassos que a atribuição a causas instáveis. A estabilidade também influi nas reações afetivas, isso significa que se eu percebo que meus fracassos são produtos de um fator estável como a má sorte, minha reação a futuros desafios será com desânimo ou pessimismo. Os sentimentos de desesperança aparecem quando o futuro se percebe tão sem saída como o presente.

O **controle** refere-se ao grau de domínio que uma pessoa percebe ter sobre os fatores que determinam o êxito ou o fracasso. Aquelas que percebem que reforços ou bons resultados são conseguidos como produtos de fatores controláveis por elas mesmas (o esforço ou a habilidade técnica) tendem a repetir condutas que conduzem à obtenção desses bons resultados. O controle sobre os fatores causais tem demonstrado estar relacionado com os sentimentos e a avaliação que se faz de outros. Se uma pessoa fracassa em decorrência de uma razão controlável por ela, os outros tenderão a recriminá-la; por exemplo, quando uma equipe de futebol perde e sentimos que poderia ter se esforçado mais e ganhado, tendemos a recriminá-la. Por outro lado, se sentimos que o clube perdeu porque o árbitro estava a favor do adversário, defendemos nosso time porque sentimos que foi um fator que seus integrantes não podiam controlar.

A seguir temos um exercício interessante que você pode fazer para saber o direcionamento de seu lócus de controle e, assim, identificar padrões mentais:

Instruções: Distribua cinco pontos em cada par de afirmações a seguir, destinando a maior parte dos pontos para aquela com a qual você concorda mais. Por exemplo: na questão 1, se você concorda plenamente com a afirmação A e discorda totalmente da afirmação B, escolha a combinação 5-0 (cinco pontos para A e nenhum ponto para B). Se concorda muito com a afirmação A e um pouco com a afirmação B, escolha a combinação 4-1 (quatro pontos para A e um ponto para B). Se concorda apenas ligeiramente mais com a afirmação A em relação à afirmação B, escolha a combinação 3-2 (três pontos para A e dois pontos para B). A mesma lógica vale para o caso de você concordar mais com a afirmação B, claro. E não se esqueça: seja verdadeiro consigo mesmo!

1	A	A capacidade de um empreendedor acaba tendo pouca influência sobre o sucesso que ele obtém, porque isso depende de muitos outros fatores.
	B	Um empreendedor capaz sempre consegue definir o destino de seu negócio.
2	A	Empreendedorismo é um dom que nasce com a pessoa.
	B	É possível desenvolver o empreendedorismo ao longo da vida.
3	A	A competência dos concorrentes define se um vendedor conseguirá vender seus produtos.
	B	Um vendedor capaz sempre consegue vender seus produtos, mesmo com bons concorrentes.
4	A	O planejamento é um fator determinante para o sucesso de um empreendimento.
	B	O planejamento não define o sucesso de um empreendimento, porque sempre surgem fatores inesperados que se tornam mais decisivos.

5	A	A condição econômica da pessoa é essencial para que ela se transforme em um empreendedor de sucesso.
	B	Um empreendedor pode se tornar um sucesso independentemente da condição econômica.
6	A	Os erros dos empreendedores surgem principalmente de sua falta de habilidade e de percepção.
	B	Os erros dos empreendedores surgem principalmente de fatores sobre os quais eles não têm controle.
7	A	Os empreendedores são com frequência vitimados por fatores conjunturais que sequer chegam a compreender plenamente.
	B	A informação e o envolvimento em temas sociais, políticos e econômicos podem levar os empreendedores a compreender todos os fatores que afetam seu negócio.
8	A	Obter um empréstimo depende, sobretudo, da boa vontade do banco.
	B	Obter um empréstimo depende, sobretudo, da viabilidade do plano de negócio.
9	A	Buscar informações com vários fornecedores antes de comprar matéria-prima é essencial para obter o melhor produto.
	B	Não há por que perder tempo coletando informações: a qualidade do produto que se compra está diretamente relacionada ao valor que se paga.
10	A	Ter ou não lucro depende da sorte.
	B	Ter ou não lucro depende da competência.

11	A	Há pessoas que, por suas características, jamais terão sucesso como empreendedoras.
	B	É possível desenvolver capacidade empreendedora em pessoas com qualquer perfil.
12	A	As origens sociais de uma pessoa definem se ela terá sucesso como empreendedora.
	B	Não importam as origens sociais; o esforço e a capacidade da pessoa podem levá-la ao sucesso como empreendedora.
13	A	Não há como escapar dos entraves causados pela burocracia (órgãos do governo, funcionários públicos, bancos).
	B	É possível não depender da burocracia.
14	A	O mercado se tornou tão imprevisível que é aceitável empreendedores de visão errarem.
	B	Um empreendedor deve culpar a si próprio pelos seus erros de percepção.
15	A	O destino de cada um depende de seus esforços.
	B	Tentar mudar o destino de alguém é inútil. O que tiver de ser, será.
16	A	Há muitas circunstâncias que escapam do controle do empreendedor.
	B	Os empreendedores fazem as próprias circunstâncias.
17	A	Não importa quanto nos esforçamos, só conseguimos realizar o que nos está reservado pelo destino.
	B	Os resultados que obtemos dependem de nossos esforços.

18	A	A eficácia de uma organização depende, sobretudo, da existência de pessoas competentes.
	B	Por mais competentes que sejam os profissionais de uma empresa, as condições socioeconômicas podem levá-la a enfrentar sérios problemas.
19	A	Às vezes, é melhor deixar as coisas se encaminharem sozinhas, ao acaso.
	B	Agir para resolver os problemas é sempre melhor do que deixá-los ao acaso.
20	A	A competência no trabalho sempre será reconhecida.
	B	Por mais que alguém seja competente, dependerá dos contatos para crescer.

Parte 2: Instruções: transfira seus pontos do inventário para a tabela de pontuação.

1 B _____   1 A _____

2 B _____   2 A _____

3 B _____   3 A _____

4 A _____   4 B _____

5 B _____   5 A _____

6 A _____   6 B _____

7 B _____   7 A _____

8 B _____   8 A _____

9 A _____   9 B _____

10 B _____   10 A _____

11 B _____   11 A _____

12 B _____   12 A _____

13 B _____   13 A _____

14 B _____   14 A _____

15 A _____   15 B _____

16 B _____   16 A _____

17 B _____   17 A _____

18 A _____   18 B _____

19 B _____   19 A _____

20 A _____   20 B _____

Total C.I.: _____   Total C.E.: _____

Divida o TOTAL DO C.I. – CONTROLE INTERNO pelo TOTAL DO C.E. – CONTROLE EXTERNO.

$$\frac{C.I.\ (\quad)}{C.E.\ (\quad)} = \frac{\quad\quad}{Total}$$

Abaixo de 1,0 – Indica que você possui alto nível de orientação por controle externo, com poucas possibilidades de iniciar uma atividade como empreendedor ou de se destacar profissionalmente.

Entre 1,0 e 2,9 – Indica que você até pode vir a empreender, mas é importante aumentar seu nível de controle interno nas atividades profissionais.

Entre 3,0 e 4,9 – Indica que você tem bom nível de controle interno.

Entre 5,0 e 6,9 – Indica que você tem excelente nível de controle interno, com grandes possibilidades de iniciar uma atividade como empreendedor ou de se destacar profissionalmente.

De 7,0 em diante – Indica que você tem nível de controle interno fora do comum. Dificilmente suportará estruturas corporativas muito rígidas.

Pela minha experiência com a aplicação desse formulário, as pessoas que possuem personalidade empreendedora alcançam a última faixa de pontuação, entre 7 e 9 pontos.

Resumo

- No cérebro residem os dois componentes principais de nossa mente: a racionalidade e a intuição.
- As regiões cerebrais são o resultado do processo evolutivo, a organização de funções do cérebro demonstra que ele se desenvolveu e ficou mais complexo com o tempo.
- O último estágio de evolução é o córtex pré-frontal, a região mais nova, mais evoluída e mais complexa do cérebro.
- Existe um conjunto de processos no cérebro que define o circuito do prazer: o sistema de recompensa que nos impulsiona para buscar satisfação, nos reproduzir, nos alimentar e sobreviver.
- A plasticidade cerebral é a habilidade de aprender novos caminhos, estabelecer ligações diferentes de neurônios e criar roteiros de reação a partir de experiências e estímulos.
- Perceber quanto a própria conduta está associada às recompensas é parte do treinamento que podemos fazer a partir do circuito do prazer. Para isso, é preciso ter consciência do Lócus de Controle Interno (o que depende de nós).

2
O CÓRTEX
NA CONDUTA
EMPREENDEDORA

"**Não quero saber de empreendedorismo**. Como é que a gente poderia gerar uma cultura empreendedora sem precisar falar em empreendedorismo, ou seja, com menos preconceito, considerando que, muitas vezes, a abordagem da mídia transformou empreendedor em sinônimo de mercenário, ao passo que a postura empreendedora representa, na verdade, a disposição para a inovação, para o risco e o aprendizado, algo que precisa ser fomentado no contexto de um país?"

Foram essas as palavras que o então ministro da Cultura, Paulo Renato, em 1999, disse ao me convidar para desenvolver uma pesquisa sobre... o próprio empreendedorismo. E, de certa forma, foi isso que fiz. Depois de encomendar 373 teses em 32 países – e perceber que apenas setenta delas tinham real consistência –, busquei montar uma matriz de competência que privilegiasse resultados, e não o "ser empreendedor" – considerando que apenas 3,5% a 5% da população mundial realmente nasce com predisposição empreendedora, uma variância biopsicossocial, em que 50% são "bio" e 50% vêm da criação e de modelos que explicarei adiante.

Depois de 1.200 entrevistas e de utilizar a Técnica de Incidente Crítico (TIC) de Flannagan (1973), pude montar um perfil – feito por meio de uma entrevista fechada e outra mista, que resultou em uma matriz de orientação para resultados, algo que o cérebro trabalha em pessoas mais funcionais, adaptadas e mais bem orientadas para não se boicotarem. Apresento aqui a tabela que desenvolvi representando a orientação para resultados. Ela foi feita a partir de um mapeamento de traços voltados a essa orientação. Cada participante do estudo foi entrevistado com base na TIC. A avaliação feita a partir dessa entrevista é confrontada com a autoavaliação realizada pelo participante antes do início do processo de desenvolvimento pelo qual ele passa. Essa comparação normalmente evidencia grandes diferenças entre o sentimento, a ação e o pensamento, o que mostra que as pessoas costumam ver-se de forma muito diferente daquela pela qual são vistas.

São sete as características que compõem a matriz de competências para mapeamento de traços de orientação para resultados, conforme sintetizado abaixo:

1. **Capacidade de visualização**
   - Tem visão de longo prazo de resultados alcançáveis e/ou tendências.
   - Identifica e age de acordo com propósitos elevados.
   - Identifica e usa seus recursos e/ou potencialidades.

2. **Superação de desafios**
   - Analisa diferentes riscos e opta entre eles.
   - Coloca-se em situações desafiantes com riscos moderados.
   - Age para reduzir os riscos ou controlar os resultados.

3. **Manutenção do foco**
   - Concentra-se em tarefas e ações que gerem resultados.
   - Identifica o que é o "correto" para cada tarefa ou ação.
   - Atinge resultados com maior qualidade, menor custo e/ou menor prazo.

4. Criação de mapas de percurso
- Divide o resultado maior em tarefas e ações com prazos.
- Determina resultados de curto prazo com unidades de medida.
- Estabelece e revisa as prioridades para tarefas e ações a ser executadas.

5. Expectativa e orientação (*drive*)
- Estabelece estratégias intencionais para manter as expectativas em outras pessoas.
- Age repetidamente ou muda de estratégia a fim de enfrentar um desafio ou superar um obstáculo.
- Assume responsabilidade pessoal sobre suas decisões, ações e resultados.

6. Tolerância à incerteza ou ambivalência
- Mantém o ponto de vista diante de oposição ou de resultados iniciais desanimadores.
- Faz as coisas antes de ser solicitado ou antes de ser forçado pelas circunstâncias.
- Faz esforço extraordinário ou sacrifício pessoal para alcançar resultados.

7. Autorreforço para a autoestima
- Expressa confiança na própria capacidade de alcançar um resultado desafiante.
- Estabelece autoincentivo pelo alcance de resultados positivos.
- Identifica as próprias fraquezas e age para reduzi-las.

Antes de irmos mais a fundo em qualquer outro aspecto empreendedor, é preciso entender que existe uma diferença entre atitude e comportamento, que distingue muito o conceito de empreendedor. A atitude é configurada por três aspectos essenciais: sentir, pensar

> Existe uma diferença entre atitude e comportamento, que distingue muito o conceito de empreendedor.

e agir. É primeiro ter um sentimento diante de um problema que provoca um pensamento orientado a uma saída ou alguma opção ou qual caminho deve ser seguido – em que a ação que deve ser tomada responde a um pensamento. Como a própria expressão diz: "tomar uma atitude". Muitas vezes nosso comportamento vai contra nossas reais vontades. É como, por exemplo, fazer coisas ou agir contra nosso pensamento e nosso sentimento. Ou concordar apenas da boca para fora com algumas coisas que são necessárias, para conseguir terminar um projeto ou seguir em frente com uma reunião. Nem sempre o que é manifesto no comportamento traduz nosso sistema de pensamento e sentimento. Uma coisa é quando uma atitude é manifesta pelo padrão do comportamento, outra é quando o comportamento acontece com uma intenção diferente, ainda que isso se desenvolva de maneira praticamente imperceptível.

A dinâmica entre o que pensamos e sentimos e o modo como agimos se dá em diversas situações da vida, direcionando nossa tomada de decisão. Entretanto, nem sempre as três instâncias estão alinhadas com a mesma motivação. Digamos, por exemplo, que você esteja dirigindo e tenha parado em um semáforo, um menino de rua se aproxima de seu carro para lhe pedir dinheiro, dizendo que está com fome – uma situação comum na maioria das capitais. Você se lembra de que tem 2 reais no carro, abaixa um pouco o vidro e os entrega imediatamente, pois tem medo de ser assaltado caso não o faça. Nesse momento, seu comportamento (ação) foi de ajuda, mas isso não teve a ver com o desejo de ajudar. O sentimento foi de medo, ao passo que o pensamento (a lógica que governou sua ação) foi de fuga da situação o mais rapidamente possível.

Ainda nesse exemplo, digamos que, quando o menino se aproxima, você decide não dar o dinheiro, mas conversar com ele. Muita gente faz isso, pergunta se ele estuda, se não pensa em trabalhar para conseguir dinheiro, tenta dar um toque. A ação não foi de ajuda (afinal, ele estava pedindo dinheiro, e não conselhos), contudo, tanto o sentimento quanto o pensamento foram com o intuito de ajudar, uma vez que essa era a motivação.

É possível ainda um terceiro resultado, quando você é abordado pelo menino. Você tem um sanduíche que estava guardando para mais tarde, mas decide oferecê-lo a ele, considerando que ele manifestou estar com fome. Aí existe uma ação de ajuda, um sentimento de ajuda e um pensamento de ajuda, você não se sentiu acuado como no primeiro exemplo e ajudou atendendo à demanda do menino, ao contrário da segunda situação.

Em vários momentos somos obrigados a agir contra nosso pensamento e nosso sentimento, como quando damos uma grande festa e convidamos alguém de quem não gostamos, mas precisamos convidar, seja por qualquer interesse, ou necessidade, ou até por diplomacia – aquela pessoa é insuportável, no entanto, representa um grande volume de negócios –, ou interesses pessoais, como alguém que pode ligar você a outra pessoa, e essa terceira, sim, interessa. A ação demonstrará acolhimento e receptividade, contudo, o pensamento e o sentimento não são representados por ela. Pensar e sentir nem sempre correspondem à ação do ser humano.

Chegar a essas conclusões só foi possível após a realização de diversos estudos durante anos, a fim de construir e compreender a atitude, a maneira de pensar e sentir das pessoas empreendedoras, um conceito diferente de compreender como elas se comportam.

O comportamento empreendedor pode ser analisado por certas características comuns aqui sintetizadas que foram apresentadas em um meta-modelo em um treinamento a PME (Pequena e Média Empresa) pelo Sebrae, chamado Empretec:

Busca por oportunidades e iniciativa
- Faz as coisas antes do solicitado ou antes que seja forçado pelas circunstâncias.
- Age para expandir o negócio a novas áreas, produtos ou serviços.
- Aproveita oportunidades fora do comum para começar um negócio, obter financiamentos, equipamentos, terrenos, local de trabalho ou assistência.

Persistência
- Age diante de um obstáculo.
- Age repetidamente ou muda de estratégia, a fim de enfrentar um desafio ou superar um obstáculo.
- Faz sacrifício pessoal ou despende esforço extraordinário para completar uma tarefa.

Comprometimento
- Atribui a si mesmo e a seu comportamento as causas de seus sucessos e fracassos e assume a responsabilidade pessoal pelos resultados obtidos.
- Colabora com os empregados ou se coloca no lugar deles, se necessário, para terminar um trabalho.
- Esmera-se em manter os clientes satisfeitos e coloca em primeiro lugar a boa vontade em longo prazo, acima do lucro em curto prazo.

Exigência de qualidade e eficiência
- Encontra maneiras de realizar tarefas melhor, mais rapidamente ou com menores custos.
- Age de modo que suas realizações satisfaçam ou excedam padrões de excelência.
- Desenvolve ou utiliza procedimentos para assegurar que o trabalho seja concluído a tempo ou atenda aos padrões de qualidade previamente combinados.

Correr riscos calculados
- Avalia alternativas e calcula riscos deliberadamente.
- Age para reduzir os riscos ou controlar os resultados.
- Coloca-se em situações que implicam desafios ou riscos moderados.

Estabelecimento de metas
- Estabelece metas e objetivos que são desafiantes e que têm significado pessoal.
- Define metas de longo prazo, claras e específicas.
- Estabelece objetivos de curto prazo, mensuráveis.

Busca por informações
- Dedica-se pessoalmente a obter informações de clientes, fornecedores e concorrentes.
- Investiga pessoalmente como fabricar um produto ou fornecer um serviço.

- Consulta especialistas para obter assessoria técnica ou comercial.

Planejamento e monitoramento sistemáticos
- Planeja, dividindo tarefas de grande porte em subtarefas com prazos definidos.
- Revisa constantemente seus planos, levando em conta os resultados obtidos e as mudanças circunstanciais.
- Mantém registros financeiros e utiliza-os para tomar decisões.

Persuasão e rede de contatos
- Utiliza estratégias deliberadas para influenciar ou persuadir os outros.
- Emprega pessoas-chave como agentes para atingir os próprios objetivos.
- Age para desenvolver e manter relações comerciais.

Independência e autoconfiança
- Busca autonomia em relação às normas e aos controles de outros.
- Mantém seu ponto de vista, mesmo diante da oposição ou de resultados inicialmente desanimadores.
- Expressa confiança na própria capacidade de complementar uma tarefa difícil ou de enfrentar um desafio.

Vejamos, então, a personalidade empreendedora que, como dito anteriormente, é essa variância biopsicossocial. E o que é isso? Isso significa que 50% daquilo que somos são adquiridos geneticamente em três tipos diferentes de herdabilidade:

Fisiológica, que remete, por exemplo, à predisposição para doenças. Algumas pessoas abusam do corpo durante toda a vida – com bebidas, cigarros e outros excessos – e saem ilesas (pelo menos aparentemente) de tudo isso. Outras pessoas, com essa predisposição, podem sofrer dos mais variados tipos de doenças. É ter uma chance maior de estar sujeito às mais variadas condições biológicas – excesso ou falta de enzimas, doenças como mal de Alzheimer ou câncer. Tudo isso é fisiológico, herdado e predispõe a doenças. A herdabilidade fisiológica é determinada por um único gene específico.

Fenotípica, que envolve as características corporais, como a cor de nossos olhos, altura, cabelos, formato da cabeça, feições do rosto (e até algumas que não queremos herdar, como o tamanho do nariz ou as orelhas de abano), enfim, a herdabilidade fenotípica corresponde às nossas características físicas e externas como um todo.

Temperamental que, diferentemente da fisiologia, é poligênica, ou seja, composta por vários genes que trabalham juntos para predispor um jeito de pensar e sentir determinadas situações. No temperamento, vários genes influem no comportamento. A cada ano que passa surgem novos estudos, tamanha a riqueza de possibilidades que essa herdabilidade proporciona. No caso dos empreendedores, existe uma combinação específica de genes que pode ser reconhecida. Um deles, o NR2B, é um dos mais estudados em animais de laboratório, que possuem cargas genéticas quase iguais à nossa, em experimentos que você com certeza já viu no cinema: ratinhos que procuram a saída de um labirinto. Os genes possuem contagem, que determina a intensidade das características impressas sobre o indivíduo (ou ratinho); ou seja, o gene traz uma pressão no tipo de atitude do indivíduo. Em um labirinto de cinco metros por dez, foram selecionados grupos de amostra de cinquenta camundongos, e logo na entrada do labirinto os cientistas posicionaram um objeto que, ao ser encontrado pelo camundongo, presenteava-o com um doce. Feito esse registro, o objeto é mudado de lugar. O camundongo instintivamente volta a procurá-lo, pois compreendeu a satisfação que virá dele. Na amostra de cinquenta, os que possuíam a contagem normal de NR2B demoraram em média três minutos e dezessete segundos para localizar a mudança do objeto. Foi feito um grupo de prova de camundongos, cujo gene NR2B havia sido isolado e eliminado, o mesmo experimento foi aplicado a ele, e a um terceiro grupo montado com a contagem de NR2B duplicada. Ao final dos testes foi possível constatar que a média de localização do objeto entre os ratos sem o NR2B passou de nove horas, uma vez que eles ficavam presos no mesmo lugar várias vezes e sempre retornavam, ainda que sem sucesso. Em compensação, o grupo com os genes de contagem duplicada tiveram o tempo de localização reduzido para

47 segundos. Esse gene é responsável por encontrar saídas, identificar oportunidades, não repetir o mesmo padrão (diferenciando assim a persistência do extremo da teimosia). Ele também vai influenciar nossa sobrevivência em ambientes hostis; algumas pessoas têm esse gene com mais intensidade, ou seja, contagem, outras com menos.

Outro gene é o link-1, relacionado a inteligência e capacidade associativa. É responsável por assimilar informações e uni-las para chegar a uma conclusão. Por exemplo: digamos que uma pessoa vive duas experiências de atendimento em duas padarias diferentes. Na primeira é atendida pelo sistema de senha, e na outra, pelo sistema direto, sem senha. No segundo método ela é mais bem atendida e tudo é muito mais rápido, criando um registro da experiência. Essa pessoa, quando for abrir uma padaria, vai saber qual sistema de atendimento quer instalar a partir da associação com a experiência que teve. Essa capacidade de discernimento vem do link-1.

O gene D4DR é encontrado em artistas, pesquisadores e empreendedores francos (ou seja, as personalidades empreendedoras das quais falamos). Um gene que, até hoje, move a humanidade. Ele é responsável por nos deixar ansiosos, faz com que o homem busque coisas novas e desafios. É um gene que também traz seu lado negativo: causa um temperamento que pode dificultar entusiasmo com a rotina. Passar anos exercendo a mesma função sem resultado gratificante ou objetivo pode tornar-se algo complicado para alguém com esse gene em alta contagem, ou seja, com dificuldade de manutenção em negócios, algo que depende muito de rotinas. É o gene pelo anseio de coisas novas.

Outra predisposição genética relacionada ao empreendedorismo reside na produção de uma enzima chamada monoamina oxidase (MAO), relacionada geneticamente ao cromossomo X e predisposta pelos genes MAOA/MAOB. A MAO regula a propensão ao risco dos seres humanos; estudos mostram que, comumente, quem busca o risco (como paraquedistas e praticantes de esportes radicais) possui um terço a menos dessa enzima em relação aos demais. É interessante destacar que também se registra um nível baixo de MAO entre os praticantes de condutas antissociais, como criminosos e os viciados em drogas e álcool. Os níveis baixos de MAO também são encontrados em empresários, empreendedores, inventores, artistas, dependendo da personalidade.

Em meio à predisposição genética, encontramos a dinâmica da habilidade humana. Uma vez que o gene por si não determina nossos talentos, ele precisa ser estimulado para "funcionar" – a predisposição precisa ser acordada, treinada. Em genética, é comum dizer que "o meio modela". O indivíduo precisa se colocar em situações nas quais o gene é requisitado para assim se aproveitar das predisposições que herdou, a aptidão para desenvolver alguma função, seja ela qual for. O jogador Neymar, por exemplo, nasceu com habilidade para jogar futebol. O que o levou até lá, porém, foi a competência: saber fazer. Jogar bola desde pequeno, em campos de terra. Voltar para casa com calos nos pés, cansado, para repetir a mesma rotina no dia seguinte. Isso faz com que o gene se modele. E no dia seguinte. E no outro. Até ser fisgado pelos olheiros do Santos e ter a chance, um dia, de jogar em um dos maiores clubes do futebol europeu. É algo herdado, mas não pode ser apenas isso. Quando eu era adolescente, adorava treinar boxe, e meu treinador insistia que eu deveria ter lutado mais, que tinha jeito para o esporte. Eu não desenvolvi isso o suficiente, mas havia algo em mim que me privilegiava o aprendizado. Uma velocidade diferente, uma maneira especial de me esquivar dos golpes. Há alguma coisa em nosso "equipamento" que nos faz nascer com essas aptidões. É isso que as pessoas chamam de dom e talento, mas vale repetir uma vez mais: é herdado, mas não basta. É preciso treinar, repetir quantas vezes for necessário, para que se desenvolva; os estímulos do meio representam os outros 50%.

Aquela média de 3,5% a 5% da população mundial que nasce com temperamento voltado a um tipo de insatisfação, a uma capacidade de encontrar saídas e associar experiências representa os "francos", com personalidade empreendedora. Também consegui apurar que a maioria dos empreendedores "natos" passa por situações parecidas nas fases de 0 a 2 anos e de 2 a 7, na primeira e na segunda infâncias, respectivamente, que compõem o fator psicológico. Uma constante é a rejeição em demasia de figuras representativas masculinas. Ou ter de lidar com *bullying* no ambiente escolar ou com formas de rejeição no ambiente escolar ou familiar. Um pai que não dava atenção suficiente, por exemplo, e causava esse sentimento no filho. Eu já me vi nessa história.

Morando em Florianópolis, capital de Santa Catarina, sempre me interessei muito por esportes e decidi voltar a praticar surfe, chegando até a contratar um instrutor para me ajudar. Meu filho, Diego, também adora o esporte. Sempre que eu chegava em casa com a roupa de surfe e a prancha, ele me pedia para levá-lo para surfar da próxima vez. Uma, duas, três vezes, e nada. Até que, um dia, o vi chorando, dizendo que eu havia prometido levá-lo. Foi rejeição? Não necessariamente. Estou buscando meu treinamento, minha melhora de aptidão. Contudo, sob os olhos dele tudo funciona de maneira muito diferente. Esse sentimento de rejeição por parte do pai ou de figuras representativas masculinas influi, e muito, na formação do empreendedor. Cria-se a sina do franco, personalidade empreendedora, o sentimento de precisar provar para essa figura – e para o resto do mundo – suas habilidades. Por outro lado, há a aceitação em demasia da mãe ou de figuras representativas femininas. As mães são responsáveis pela autoestima, os pais pela estratégia, na visão do empreendedorismo. Laurent LaPierre diz que "para desenvolver qualidades empreendedoras, um pai precisa roubar o filho da mãe". E não é machismo ou qualquer tipo de ataque patriarcal: é a predisposição cultural que um homem tem na maioria das vezes, quase obrigatoriamente, à estratégia. Não que mulheres não tenham estratégia – elas têm sim, e muita –, mas falo aqui da característica evolutiva do homem, desde o caçador pré-histórico, ter desenvolvido esse controle mental, desse arquétipo masculino.

Em "roubar o filho da mãe" não estou falando necessariamente da mãe, e sim da figura materna. Avó, tia, irmã mais velha. A preocupação de onde a criança vai, o que fará, quando voltará, com quem vai. Isso tudo acaba gerando a necessidade de autonomia no filho, ou seja, se há muito controle por parte da mãe – e existe modelo de pai, ele tem o impulso de fugir e buscar o máximo de autonomia. Sem essa "escapada", proporcionada pelo pai (como em geral as figuras de pai falam "deixe disso, pare de se preocupar"), o filho vira aquilo que chamamos de "filhinho da mamãe", fica absorvido pelo controle por parte da mãe e não tem referencial de quebra dessa dinâmica na figura do pai. No caso da figura paterna, é o contrário. Geralmente, o papel dessa classe é podar a preocupação materna, tentando criar noções de responsabilidade para o jovem. A falta de controle permite a transgressão, enquanto a mãe, no controle, permite a fuga. Esses estímulos vão desencadear uma inquietude biológica, e tudo acontece muito rapidamente. A troca de fase da infância para a adolescência, a qual chamamos de fase de latência, representa uma espécie de parada nessas mudanças de comportamento inconsciente, como se a criança dormisse aos 7 anos e acordasse aos 12.

Quando acorda, há o renascimento mental (a adolescência) e biológico (a puberdade); até esse momento, o córtex pré-frontal está ótimo, se desenvolvendo de acordo com "o plano". As conexões se estabelecem com rapidez e regularidade. Nesse início da adolescência, porém, o corpo recebe uma bomba hormonal gigante, e o nosso juiz – o córtex pré-frontal – se desfuncionaliza inteiro. Por exemplo, meninos de 12 para 13 anos têm muito mais dificuldade para julgar feições de rosto do que garotos de 10, de acordo com um experimento feito na área de Psicologia que nos mostra que durante a puberdade se perde muito a capacidade de sentir as sutilezas e as gradações de estímulos. Essa personalidade adolescente apresenta dois critérios: hipomodulação do afeto, quando não há medida entre os sentimentos, então, para o adolescente, o que é engraçado fica muito engraçado, o que é frustrante vira uma verdadeira tragédia grega. E a inconsequência, quando o instinto está sem medida de efeito das ações – o adolescente não para e considera suas reações e o que poderá acontecer em decorrência delas, apenas sente e faz (o adolescente não sabe o que não pode fazer). E a labilidade afetiva, quando o temperamento e o humor se alteram com muito mais facilidade, oscilando drasticamente, trazendo a instabilidade emocional que também é característica dessa fase.

Quem manda no cérebro nesse momento é o circuito do prazer, que envolve a família dos tálamos, o núcleo accumbens e a amígdala cerebral, portanto, a dopamina, um neurotransmissor que controla o sistema de recompensa e prazer, ajuda também a responder às nossas emoções, não apenas reconhecemos as coisas que desejamos como temos impulsos para buscá-las. Para o adolescente, os estímulos só passam pelo circuito do prazer, então ele tem dificuldades para que as sinapses façam o ciclo completo até o córtex pré-frontal (onde o julgamento aconteceria), então toda a motivação é prazer. Claro que existem adolescentes mais maduros – o meio, afinal, modela, como já dissemos –, mas em geral a diferença entre o adolescente e o adulto é que o adolescente não sabe o que não pode fazer, uma vez que ele não faz o caminho neural até o julgamento todo o tempo.

Há um momento de reorganização, quando o caminho de estruturação das sinapses se altera, que é justamente quando entra em voga novamente o circuito do prazer. O adolescente é um ser que tem momentos de tédio mais comuns, uma vez que seu poder de captação de dopamina está na metade do que será no resto da vida – e você com certeza tem ou teve um exemplo desse na família –, que precisa de prazer constante para se aquietar. Ele precisa de dopamina em dobro. Você pode levá-lo para o meio da Disney, mas não será o suficiente. O brinquedo não vai ser tão legal. Os fogos de artifício não serão tão grandes. As princesas não serão tão bonitas, nem os bonecos tão engraçados.

Esse é um dos motivos que levam adolescentes a praticar esportes radicais – ou a correr riscos de modo geral – sem pensar duas vezes. O risco libera mais dopamina e desenvolve aptidões no caso da personalidade empreendedora. Foi comprovado que adolescentes que praticam esportes radicais, quando se tornam adultos, são mais dispostos a assumir riscos, pois aprenderam a lidar com as descargas de dopamina, isso é neurobiológico, além da variância genética, pois temos o estímulo para buscar mais desafios no futuro. Somado aos incentivos paternos, o empreendedor terá mais capacidade de visualização de problemas e saídas, com um córtex mais otimizado que faz associações de maneira mais fácil. E existe, é claro, essa predisposição ao risco, a tomar atitudes ousadas e a buscar sempre mais.

Nosso aparelho psíquico cerebral termina de se formar entre os 22 e os 25 anos, diferentemente do que pensamos. Não é aos 18. Nessa idade, as funções executivas já podem ser recrutadas, contudo, ainda não estão organizadas por completo. Na adolescência e nesse período pré-25 anos, a inquietude (ativada pela puberdade) faz com que o indivíduo com tendência empreendedora, a fim de ganhar autonomia, identifique-se com outras figuras como ele – ele vai seguir modelos, em grande parte figuras inquietas. O professor que foge dos padrões, o músico, uma pessoa que já foi bem longe na vida. Isso modela a personalidade empreendedora nessa fase, compondo os outros 50% da formação do empreendedor.

A personalidade empreendedora é biopsicossocial, tem a ver com o que herdamos não fisiologicamente, mas no temperamento, e também com aquilo que vivenciamos, que nos traumatiza e nos forma. Já a conduta empreendedora é apenas social, é algo que pode ser treinado e praticado, ensinado, como qualquer função social (que passa cultural-

> A personalidade empreendedora é biopsicossocial, tem a ver com o que herdamos não fisiologicamente, mas no temperamento, e também com aquilo que vivenciamos, que nos traumatiza e nos forma. Já a conduta empreendedora é apenas social, é algo que pode ser treinado e praticado, ensinado, como qualquer função social (que passa culturalmente pela nossa elaboração de raciocínio e estratégia, ou seja, pelo córtex pré-frontal).

mente pela nossa elaboração de raciocínio e estratégia, ou seja, pelo córtex pré-frontal). A conduta tem a ver com a busca da meta, do objetivo. E muitas vezes é mais interessante ter um sócio com conduta empreendedora do que com personalidade empreendedora, por ser mais inquieta e inconstante, porque você espera que essa pessoa aceite as missões e tome os riscos, mas não vai conseguir lidar com um sócio que tem o risco como forma de vida e precisa estar eternamente se provando para aquele pai que foi ausente. Nesse sentido, é sempre bom investirmos em pessoas com condutas empreendedoras e em formar essa conduta em funcionários, colegas e líderes.

Algumas experiências marcantes, chamadas de *imprinting* e formadas pela sensação que causa um estímulo fisiológico, aprendida imediatamente pelo cérebro, com a modelação em fases distintas da vida, instalam no cérebro a capacidade de visualizar mais e melhor. Essa habilidade de visualização nos predispõe a correr riscos e assumir desafios, e desenvolvem a qualidade de iniciativa. O córtex, portanto, a partir desse tipo de experiência passa a gerar novas sinapses e caminhos cerebrais, conexões bioquímicas, que vão aprendendo a usar esses núcleos de personalidade – próprios da conduta empreendedora ou das personalidades empreendedoras.

Sobre o valor do *imprinting* na formação das ligações de reação e julgamentos do córtex, existe um exemplo bem didático; quem tem filhos vai se identificar muito. Imagine que você está assistindo concentrado a um programa de televisão. Seu filho pequeno interrompe e pede um leite com chocolate, bem naquele momento mais envolvente do programa que você esperou o dia para ver – as crianças pequenas (até os 7 anos) fazem isso o tempo todo, pode ser um programa, ou um livro no qual você está concentrado, ou um jogo de computador. Qual é a primeira coisa que pensamos em fazer? Sair correndo, fazer o leite logo e só perder um minuto, pronto, resolvido. Certo? Na verdade, isso não ajuda muito o desenvolvimento de seu filho.

Explico: para modelar, treinar o cérebro da criança a fim de desenvolver qualidades de visão, iniciativa e risco, o pai (ou a mãe, ou substitutos) tem de ter disponibilidade afetiva para exercer um modelo. É respirar fundo, vestir a camisa do time e falar: "Vamos lá, filho, fazer um chocolate para você". Levá-lo para a cozinha, ir mostrando onde estão as coisas e fazer o leite com cuidado, quando cada ingrediente entra, onde estão as colheres, como guardar tudo depois que está pronto. E isso com disponibilidade emocional (não vale espiar a TV), pois seu filho está assistindo a cada movimento seu atentamente, é uma fase para ele em que as ações paternas são extremamente impactantes, com isso você cria caminhos e sinapses no cérebro dele, registrando o momento que houve de atenção, acolhimento e reforço. Depois de tudo isso, você volta para a televisão.

Na próxima vez que essa situação acontecer (e com crianças sempre há uma próxima vez), já existirão registros de um modo de operar na cabeça de seu filho. O mais provável é que a pergunta dele seja: "Pai, posso *fazer* um leite com chocolate?" – ele lembra que foi ensinado. Como todo adulto, já passam pela sua cabeça todos os desastres que implica uma criança de 6 anos sozinha na cozinha, tudo que pode ser derramado, quebrado e sujo. Contudo, ao falar "pode", você precisa saber que as coisas estão na altura dele, e que foram criadas as predisposições para que ele cumpra esse desafio. Quando ele entra na cozinha, as sinapses vão acontecer, as ligações emocionais com a primeira experiência de fazer o chocolate vão se acender, mostrando para ele aonde ir, ele tem um quadro visual de como tudo funciona. Nesse momento, ele está desenvolvendo qualidades de visualização e iniciativa, de ter desejo de autonomia, e de assumir riscos (afinal, ele também para para pensar "Será que vou conseguir?"), essas três coisas, visualização, iniciativa e risco, juntas, estão treinando um cérebro predisposto a se desafiar. Sinapses de maior autonomia são construídas, mesmo se ele for fazer o leite e derrubar tudo. Ele fez, e se o pai se levanta, quando a criança derruba o leite e dá uma bronca dura, tudo aquilo que ele aprendeu foi invalidado. É preciso haver reforço, uma vez que seu filho não está "aprontando", ele pediu permissão e buscou autonomia, errar tentando acertar é algo que precisa ser recompensado. Isso é necessário por causa do núcleo accumbens, do circuito do prazer, receber o reforço positivo: "Legal, filho, você fez sozinho! Ah, derrubou, isso acontece! Vamos limpar", e você mostra para ele como limpar. Nesse momento ele se sente reforçado, e uma sensação de prazer vai dizer a ele "Repete que você consegue", isso é uma estrutura cerebral construída em nome da nossa perpetuação. O circuito do prazer faz esse papel.

OS TRÊS INCONSCIENTES

Quando falamos em inconsciente, o termo nos remete à origem da Psicanálise, o que dá a sensação de que algo desconhecido e obscuro, que não podemos tocar e com o qual não sabemos lidar. Atualmente existem três conceitos diferentes sobre isso. Um deles é o daquilo que não é consciente. O segundo é o próprio inconsciente da Psicanálise (o aprisionamento das relações entre 0 e 7 anos e que atua reproduzindo padrões de comportamento), e o terceiro chamado de novo inconsciente, ligado diretamente à neuropercepção.

Para falar de cada um deles, é preciso começar explicando a Gestalt, postulada por Peirce e talvez a Psicologia, que pode ser considerada de maior sustentação científica até hoje, porque, muito do que ainda é discutido já era percebido por Peirce e já havia se tornado uma área específica da Psicologia, que embasa estudos de estímulos a reações, efeitos do marketing e da neuropercepção. Gestalt é um termo em alemão que não possui tradução literal para o português, mas que pode ser interpretado no sentido de "silhueta", aproximado da palavra "configuração". De acordo com essa teoria, o estímulo que a mente capta é chamado de figura, aquilo que aparece. Essa figura provocará em nós algo denominado "fundo". Por exemplo, nos cursos que ministro com grupos de líderes que têm em torno de 27 a 30 participantes, faço um exercício no qual passo pelos alunos uma caixa preta lacrada, onde coloco uma banana, e eles devem manusear a caixa e tentar adivinhar o que tem dentro dela. Os chutes são completamente diferentes, as pessoas imaginam que ali existem sapatos, estetoscópios, bola, uma grande variedade de coisas. Quando abrem a caixa veem que é uma banana, mas a figura representada naquele estímulo, a partir do barulho, do peso, da sensação de volume preenchido dentro da caixa, é formada pela experiência pessoal que cada um coloca ali. O estímulo que é captado pelos sentidos corre por uma via neural, aciona o hipocampo, responsável pela memória, passa pelo sistema límbico e vai provocar emoções que são interpretadas pelo córtex pré-frontal. Essa interpretação faz sentido pela história de vida da pessoa, é o fundo. Um exemplo que ilustra bem essa dinâmica: se estamos numa danceteria que tem três ambientes, em um deles a figura é a música que ali está tocando, são as sensações que o ambiente promove como euforia, animação, manifestação da libido, as cores, tudo isso são sensações provocadas em mim com base no meu fundo. Quando você vai ao banheiro, de repente, ouve no outro ambiente uma música que você dançou com sua primeira namorada, e imediatamente a figura muda de lugar (você passa a prestar atenção naquele outro estímulo) e o fundo se altera automaticamente com as lembranças do primeiro namoro. Não somos donos do que percebemos, somos donos apenas da atenção que damos ao estímulo, mas não da reação a este.

Portanto, a mente possui para essa qualidade da percepção uma relação conhecida como pregnância. O que é mais fácil a mente associar e concluir sobre aquele estímulo? Então o sistema límbico não faz contas de pesos e lógica, ele reage por pregnância estabelecida no passado.

Como isso acontece na prática? Uma vez fui atender um cliente grande e nesse dia não estava com meu carro, então peguei emprestado o de minha mãe, pois precisava dirigir até essa multinacional em São José dos Campos. Ao descer no aeroporto, vi que o carro estava completamente sujo e enlameado, pois minha mãe havia viajado para um sítio naquele fim de semana e não me avisou

> Não somos donos do que percebemos, somos donos apenas da atenção que damos ao estímulo, mas não da reação a este, de empreendedor.

que o veículo estava um verdadeiro desastre. Fazia um calor de verão, e o carro também não tinha ar-condicionado. Parei um tempo para pesar quais seriam as consequências daquilo, uma vez que a proposta representava uma grande quantidade de dinheiro, uma bolada. Pensando que ninguém veria o carro, respirei fundo e pensei em ir com ele sujo mesmo. Quando chego à empresa, o porteiro pede para que eu guarde o carro no estacionamento dos vice-presidentes (com quem eu teria essa reunião). Quando entro no estacionamento, com o carro todo sujo, a roupa já amassada e suado do calor, é dito e feito: estaciona bem ao meu lado um dos vice-presidentes. Quando um executivo como aquele vê o estado em que eu estava e o carro, a primeira sensação que ele terá é "Esse consultor não vale uma bolada", e ele não tem como controlar esse pensamento, e a partir daí terá a sensação de que a minha proposta está muito cara. Ao receber o estímulo, ele não terá tempo de pensar no quanto o material que ele já recebeu estava bem estruturado, e como ele já conhecia meu trabalho, que deveria ter acontecido algum imprevisto comigo. O estímulo que ele recebeu provoca um fundo de relações neurosinápticas em que prevalece o princípio da pregnância, ou seja, o caminho mais fácil para o cérebro tirar uma conclusão. O que se concluiria, no meu caso: que o consultor é pobre e é possível pagar menos.

Outra ocasião: há alguns anos, eu havia sido contratado por uma faculdade integrante de uma rede de ensino de Santa Catarina para instalar a prática de transversalidade empreendedora. O acordo estava correndo bem e eu havia enviado uma proposta organizada para a rede. E nesse período em um sábado à tarde decidi sair para tomar um café na lagoa da Conceição com um amigo que é tatuador, um cara muito legal, mas aquele tipo que nenhuma tia do interior aprovaria para a sobrinha favorita, mandaria manter distância, pois ele tem vários *piercings*, tatuagens e anda vestido sem se preocupar muito com o que os outros podem pensar. Eu mesmo não estava muito melhor do que ele, já que vestia shorts e roupa velha – comparado com o consultor dos dias da semana, realmente parecia outra pessoa. Nessas horas a vida sempre nos prega uma peça: dou de cara com o reitor da faculdade. Olho para o chão esperando que ele não me reconheça e tento disfarçar, mas é claro que não funciona e acabamos nos cumprimentando. O princípio da pregnância mais uma vez soma o que acontece ao fundo e traz uma mensagem para o reitor: "Ele não é tão confiável".

A percepção que se dá de acordo com a teoria da Gestalt é como o exemplo que vemos a seguir: em cada uma das figuras, o círculo que está no centro tem o mesmo tamanho, mas a relação com o que está em volta altera nossa forma de vê-lo e percebemos que o da esquerda é maior que o da direita.

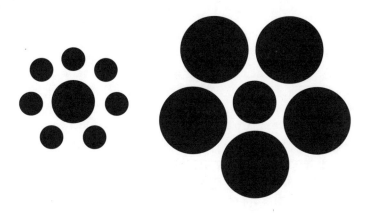

A percepção assim entenderá sempre o que é mais fácil a partir das referencias entre figura e fundo. Para isso, a Gestalt postula cinco leis:

Lei da Continuidade
Toda unidade linear (ou curva) tende, psicologicamente, a se prolongar na mesma direção e com o mesmo movimento.

Lei do Agrupamento
Elementos percebidos são agrupados, dependendo de sua proximidade.

Lei do Fechamento
Tendência de unir intervalos e estabelecer ligações. Os elementos de uma forma tendem a se agrupar de modo que constituam uma figura mais total ou fechada.

Lei da Proximidade
Em condições iguais, eventos próximos no tempo e no espaço tenderão a permanecer unidos, formando um só todo.

Lei da Similaridade
Eventos semelhantes se agruparão entre si. Essa semelhança se dá por intensidade, cor, odor, peso, tamanho, forma etc. e em igualdade de condições.

Veja como isso realmente funciona:

"De aorcdo com uma peqsiusa de uma uinrvesriddae ignlsea, não ipomtra em qaul odrem as lteras de uma plravaa etãso, a **úncia** csioa iprotmatne é que a piremria e **útmlia** lteras etejasm no lgaur crteo.

O rseto pdoe ser uma bçguana ttaol, que vcoê anida pdoe ler sem pobrlmea. Itso é poqrue **nós não** lmeos cdaa ltera isladoa, mas a plravaa cmoo um tdoo."

"3M D14 D3 V3R40, 3574V4 N4 PR414, 0853RV4ND0 DU45 CR14NC45 8R1NC4ND0 N4 4R314. 3L45 7R484L H4V4M MU170 C0N57RU1ND0 UM C4573L0 D3 4R314, C0M 70RR35, P4554R3L45 3 P4554G3NS 1N73RN45. QU4N D0 3574V4M QU453 4C484ND0, V310 UM4 0ND4 3 D357RU1U 7UD0, R3DU21ND0 0 C4573L0 4 UM M0N73 D3 4R314 3 35PUM4. 4CH31 QU3, D3P015 D3 74N70 35F0RC0 3 CU1D4D0, 45 CR14NC45 C41R14M N0 CH0R0, C0RR3R4M P3L4 PR414, FUG1ND0 D4 4GU4, R1ND0 D3 M405 D4D45 3 C0M3C4R4M 4 C0N57RU1R 0U7R0 C4573 L0. C0MPR33ND1 QU3 H4V14 4PR3ND1D0 UM4 GR4N D3 L1C40; G4574M05 MU170 73MP0 D4 N0554 V1D4 C0N57RU1ND0 4LGUM4 C0154 3 M415 C3D0 0U M415 74RD3, UM4 0ND4 P0D3R4 V1R 3 D357RU1R 7UD0 0 QU3 L3V4M05 74N70 73MP0 P4R4 C0N57RU1R. M45 QU4ND0 1550 4C0N73C3R 50M3N73 4QU3L3 QU3 73M 45 M405 D3 4LGU3M P4R4 53GUR4R, 53R4 C4P42 D3 50RR1R! S0 0 QU3 P3RM4N3C3, 3 4 4M124D3, 0 4M0R 3 C4R1NH0. 0 R3570 3 F3170 D3 4R314. "

A Gestalt nada mais é do que a captação de um estímulo que corre por circuitos neurais já estabelecidos no nosso passado, provocando emoções, pensamentos, sentimentos e reações. Não a partir do que foi visto, da informação "preto no branco", mas do significado que isso tem dentro de nós.

No livro best-seller *Subliminar*, Leonard Mlodinow retrata isso com maestria no experimento que fez com meias. Os participantes do estudo examinaram quatro pares de meias de seda que, sem que soubessem, eram absolutamente idênticos, com a única diferença de terem sido levemente perfumados com aromas diferentes. Os sujeitos não tiveram dificuldade em dizer por que um par era o melhor, e afirmaram ter percebido diferenças de textura, trama, tato, brilho e peso. As meias com um aroma específico foram preferidas às outras, mas os participantes negaram ter usado o aroma como critério e apenas seis dos 250 testados chegaram a notar que as meias estavam perfumadas.

A conduta empreendedora se difere da personalidade empreendedora porque um estímulo percebido por uma personalidade empreendedora causa sempre reações automáticas relacionadas sempre com níveis de iniciativa, desafios e riscos e qualidade de visualizações de saída. Na personalidade empreendedora, é como se uma ameaça inerente àquele estímulo provocasse uma reação de luta. Isso se difere da conduta empreendedora porque um estímulo como esse não provoca tamanha emoção no indivíduo, isso provoca uma reação mais no córtex pré-frontal do que no sistema límbico e nas estruturas relacionadas à ameaças primitivas. Por isso o que eu chamo de empreendedores francos, por personalidade, são mais impulsivos e realizadores diante de problemas, eles têm o foco mais no sistema límbico e menos no córtex. Toda reação que envolve tomada de decisão passa pelo córtex pré-frontal, não que as dele não passem, mas, por exemplo, quando o empreendedor franco está numa reunião e recebe uma resposta negativa, ele tem tantas conexões relacionadas a níveis de desafio, ameaças, qualidades de visão, estratégias de saída e sinapses relacionadas ao desafio "como sair disso, como reagir" que ele reage imediatamente a esse estímulo. Isso está relacionado ao seu aparato genético e é modelado durante a infância pelos seus esquemas com predominância de luta. Já a pessoa com conduta empreendedora pode raciocinar

> Ele pondera mais, por isso que a conduta empreendedora está menos apoiada na reação e tem mais estrutura e apoio no julgamento lógico.

mais sobre o problema, pensa de forma mais lógica, entre o que ganha ou perde com as reações.

Ela pondera mais, por isso que a conduta empreendedora está menos apoiada na reação e tem mais estrutura e apoio no julgamento lógico.

Ao falar desses inconscientes, a palavra inconsciente em geral é relacionada a um senso de obscuro, mas aqui, como já citei no início do capítulo, são três. Agora que já estamos familiarizados com a Gestalt e a percepção, podemos nos aprofundar nesses tipos.

Na COGNI-MGR, nossa empresa de treinamento e desenvolvimento, possuímos um indicador tipológico baseado na teoria junguiana. Carl Jung, um pensador muito importante para a Psicologia, discípulo de Freud, mas que desenvolveu suas proposições para além do mestre, intui os tipos psicológicos. Uma herdabilidade de natureza temperamental, em que atividades-chave da mente do individuo já existem sob a predisposição de um funcionamento cerebral. Esses tipos psicológicos não herdam uma hibridez, não têm mistura, ou seja, se você nasce extrovertido, vai crescer e morrer assim, mesmo se adaptando ao meio e modelando as manifestações da extroversão (através das sinapses e comportamentos adaptados), mas isso é a sua essência – seu pensamento e seu sentimento são desse jeito, mesmo quando a ação é outra. Ao montar os tipos de cada pessoa, lançamos mão de letras (as iniciais das palavras em inglês) para gerar as siglas de cada um. O tipo psicológico é definido pela combinação de seis ou oito escalas (dependendo do instrumento utilizado), cada uma delas com duas alternativas opostas entre si. São oito e dezesseis combinações possíveis entre as quatro escalas; embora seja natural identificar-se com determinado tipo ao tomar conhecimento das características de cada um, somente a aplicação de questionários por profissional capacitado cumpre adequadamente as exigências do método.

São quatro atividades cerebrais básicas, cada uma delas dividida em duas formas de operar:

1. Extroversão (E) x Introversão (I)

Extrovertidos (E) buscam energia no mundo exterior – sejam pessoas, objetos ou atividades. Comunicativos, gostam do trabalho em grupo e preferem a conversa pessoal à comunicação escrita. Já o **Introvertido (I)** se sente mais à vontade no mundo interior das ideias, emoções e pensamentos. Contido ao se comunicar, prefere, sempre que possível, escrever a conversar, e frequentemente guarda para si o que pensa.

2. Sensação (S) x Intuição (N)

O tipo **Sensação (S)** busca se basear na observação do que é real, possível de ser confirmado pelos cinco sentidos. Preocupa-se prioritariamente com o presente e concentra sua atuação no uso dos conhecimentos já adquiridos. Já o tipo **Intuição (N)** leva em conta aspectos subjetivos e valoriza o *feeling*. Gosta de pensar em soluções inusitadas e está sempre interessado em adquirir novos conhecimentos.

3. Pensamento (T) x Sentimento (F)

O tipo **Pensamento (T)** procura tomar decisões baseadas na lógica. Organiza as informações de forma objetiva e racional em busca da melhor alternativa. Já o tipo **Sentimento (F)** dá um peso maior para valores e sentimentos ao tomar decisões. Prioriza o lado emocional e preocupa-se em agradar os outros.

4. Julgamento (J) x Percepção (P)

O tipo **Julgamento (J)** valoriza o planejamento e a organização. Disciplinado ao perseguir metas, gosta de cumprir rotinas e cria uma série de mecanismos de controle. O tipo **Percepção (P)** prefere viver com mais flexibilidade e gosta de experimentar. Tenta ao máximo evitar a rotina.

Esses tipos psicológicos são representativos do inconsciente que não é percebido por nós. Certa vez, ao fazer um *workshop* em Itu, com 46 empresários, chegamos à parte de compreensão de predisposições de comportamento e como isso afetava as reações de um indivíduo na forma de liderar.

O primeiro dia de *workshop* foi apenas sobre a atividade cerebral de Introversão e de Extroversão e suas características. Para isso é interessante ressaltar que a extroversão caracteriza um indivíduo que tem a atenção dirigida para o mundo exterior das coisas e para as pessoas, o extrovertido quer mudar o mundo, ele é confiante e acessível, pois tira a energia que precisa do mundo exterior (pessoas, atividades ou coisas). É comum da extroversão agir antes e pensar depois, buscar sempre variedade e companhia. No trabalho, essas pessoas são as que montam currículos extensos e que têm confiança para tudo aquilo que exige exposição, que conseguem construir enormes redes de *networking*. Claro, nem tudo são flores para o extrovertido, ele corre o risco de falar demais e se comprometer, não ter paciência para ouvir e confundir o fazer algo com o resultado daquilo (ter dificuldade para terminar o que começou). Enquanto isso, na introversão os indivíduos são direcionados para o mundo interior, relacionando-se mais intensamente com conceitos e ideias; em vez de mudar o mundo, o introvertido busca entendê-lo. Em geral, são pessoas reservadas e questionadoras, discretas, que pensam antes de falar e procuram silêncio e concentração para trabalhar. A energia dos introvertidos é tirada do mundo interior, de suas ideias, suas emoções ou impressões pessoais. No trabalho, são os que montam o currículo mais resumido, detalhistas e cuidadosos, com foco naquilo que é importante. Ao mesmo tempo, possuem a tendência de pensar demais e encontram dificuldades de construir seu *networking*, e podem até parecer sem energia. Muito estímulo cansa o introvertido, ele precisa de tempo para ficar só, precisa organizar seu dia e fazer uma coisa de cada vez. Já o extrovertido precisa fazer sete coisas ao mesmo tempo para sentir que o trabalho realmente acontece; se ele passa muito tempo quieto acaba até sentindo sono!

Participavam desse *workshop* dois irmãos que já tinham 28 anos de sociedade em uma empresa de telhas, ao final do primeiro dia, um deles se levanta para falar comigo, e aquele homem sério, intimidador, de quase dois metros de altura, me cumprimenta e começa a chorar. Depois de anos lidando com treinamento de grupos, eu já estava acostumado com reações em outras abordagens, mas nunca havia visto algo nessa parte do desenvolvimento. Fiquei meio sem entender e ele começou a explicar, agradecendo-me muito: "Eu havia procurado essa capacitação, pois pensei em me desfazer da sociedade com meu irmão.

Hoje você acaba de me fazer entender, o problema não é meu irmão, nem meu negócio. Eu sou introvertido e cuido da área comercial. Isso significa visitas diárias a lojas e clientes, para tirar pedidos e estabelecer contatos que exigem muita conversa e exposição, cerca de dezesseis ao dia. Ao final de cada dia, eu sinto que o período que passei trabalhando me oprime. E meu irmão é extrovertido e fica cuidando da produção. Então ele não para de inventar moda, faz mil coisas ao mesmo tempo para se sentir motivado e eu vejo que a parte de produção deixa-o praticamente entediado". Ele se deu conta de que bastava trocar as funções – ele, como introvertido, ficaria na produção e tomaria conta de orçamentos e fluxo industrial, e o irmão extrovertido poderia sair sempre para conversar com os clientes, encontrando a motivação que precisava em um dia a dia com pouca rotina. Esse é o primeiro inconsciente ao qual me refiro, como ele não sabia, ignorava o fato de ser introvertido, sentia-se oprimido na área de vendas e trabalhar causava-lhe um grande estresse, pois a prática daquilo ia contra a sua natureza. O que ele fez foi trazer para um nível consciente o que era inconsciente sobre o próprio temperamento e isso gerou um *insight* sobre o problema na sociedade com o irmão e as funções que cada um exerce. Quando o inconsciente torna-se consciente, o indivíduo passa a orquestrar melhor seu comportamento. É o inconsciente daquilo que é "não consciente", aquilo que ignoramos sobre nosso próprio funcionamento e que pode ser facilmente acessado por instrumentos e áreas diferentes da Psicologia, trazendo à luz aquilo que ignorávamos.

O segundo inconsciente é muito famoso, compreende o "inconsciente Freudiano", que tem a ver com marcas deixadas pelo nosso passado e os efeitos delas sobre nós. Uma vez me encontrava coordenando um grupo-terapia de oito pessoas. Enquanto eu falava, uma pequena garrafa de água ficava ao meu lado, repousada no chão. Em determinado momento, sem perceber, meu pé encostou na garrafa. Prontamente, um dos participantes gritou: "Olha a água caindo! A água!". E ninguém deu atenção àquilo. Perguntei para ele o que a água o lembrava, e a resposta foi imediata: a reação brusca do pai quando ele deixou um copo cair em cima da mesa. Na situação, o pai gritou de um jeito que ele foi impelido a segurar o copo, e causou uma sensação que lhe impediu de dizer qualquer coisa. Sensação, essa, que ficou guardada.

Estamos falando desse estímulo em termos de "inconsciente Freudiano", mas para isso também há um caminho neural. Ele foi processado pelo sistema límbico que organizou a água, a bronca do pai, a sensação de rigidez, o susto causado por ela. Tudo isso é enviado para o hipocampo, que codifica o registro. Ele não registra somente a água, mas a memória acompanhada de vários códigos. Derramar água no lugar que não deveria ativa essa sensação, que não se pode controlar. Ele não reagiu dessa maneira por vontade própria, mas porque o grande orquestrador, o sistema límbico, juntou uma série de códigos que foram aprendidos. Montou um quebra-cabeça. Uniu a bronca do pai com o medo, a sensação de frustração, a vontade de segurar as lágrimas e a ação: o copo de água caindo. O quebra-cabeça, depois de montado, é entregue ao hipocampo. Qualquer parcela que se iguale com o registro codificado o aciona. Ele pensa que o pai dele aparecerá ali e vai brigar com todos. Uma emoção impossível de controlar. O córtex pré-frontal recebe o estímulo, acorda o hipocampo e envia um código para isso. "Faça alguma coisa ou receberá outra bronca". É quando o córtex pré-frontal aparece e o faz gritar: "Olha a água caindo! A água!".

Só ele, e mais ninguém. Porque é um código apenas dele. Isso é trabalho do sistema límbico, que é o grande responsável pelos nossos comportamentos sociais, basicamente, todas as estruturas cerebrais relacionadas com comportamentos emocionais e sexuais, memória, aprendizado e algumas respostas homeostáticas (de equilíbrio fisiológico). Sua principal função é fazer a ponte entre informações que captamos e o conteúdo emocional que será atribuído a elas. Assim como vimos o participante do grupo ligar a bronca do pai e sua sensação de frustração e repressão à imagem da água que caía, o sistema límbico junta informações sensoriais com o estado psíquico interno, registrando a informação e relacionando-a com as memórias preexistentes para produzir, a partir disso, uma resposta emocional.

Outro exemplo didático sobre o inconsciente Freudiano é o caso que vi durante outro de nossos processos de desenvolvimento. Durante o processo, diversos pontos da vida dos participantes são investigados e elaborados. Atuávamos com uma participante muito bem-sucedida profissionalmente, mas que tinha muita dificuldade de se relacionar com o sexo masculino. Ela queria um parceiro, mas tinha essa sensação de que os homens não eram dignos de confiança, então suas relações duravam pouco, em média um ano. Dona de uma empresa com 38 funcionários, ela veio para o processo com essa queixa, afirmando que os negócios eram ótimos, mas que se sentia infeliz com a vida afetiva. E ela ainda completou, dizendo que tinha consciência de que existiam realmente homens legais, ela não conseguia se sentir confortável com eles, não conseguia se soltar. Eu conto esse caso no meu livro *O inconsciente na sua vida profissional*, mas ele é tão representativo que vale a pena repetir. Quando ela era pequena, aos 7 anos, a família passava por dificuldades, pois o pai estava desempregado e tinha como única fonte de renda alguns bicos de marcenaria que fazia na paróquia da cidade pequena onde ela vivia. A mãe era muito engajada na igreja e trabalhava pelas festas fazendo doces para ser vendidos para a arrecadação de recursos. Num sábado que antecedia a festa do domingo, a mãe deu dois pacotes de doce para a filha levar para o padre. Ele a convidou para entrar na sacristia, pegando os pacotes de doce e passando a mão na cabeça dela de forma acolhedora. O padre ofereceu uma groselha para a menina e começou a lhe fazer algumas perguntas, que ela sentiu ser estranhas, mas começou a responder, considerando que para os padres era necessário falar a verdade. Ele perguntou se ela já tinha namoradinhos, se já era moça (o que para ela, mais uma vez, era muito estranho de responder), e ele foi mais longe, querendo saber se ela já tinha pelinhos embaixo da calça, enquanto ela, já bem desconfortável, respondeu que não. Ele, então, pediu que ela lhe mostrasse – enquanto desabotoava a própria calça e mostrava para a menina suas partes íntimas. Nesse momento, o estranhamento foi substituído por pavor e, num ato impulsivo, ela correu do padre e saiu por uma janela da sacristia, meio sem saber o que tinha acontecido – mas com consciência de que aquilo era uma situação extremamente ameaçadora para ela. Ao chegar em casa, contou para a mãe o que havia se passado, e a mãe, duvidando dela, pediu que a filha não contasse nada para o pai, dizendo que ela mesma falaria sobre o que aconteceu assim que ele chegasse em casa. O que a mãe fez nesse momento foi tentar proteger a única fonte de renda familiar e a relação com o padre, pensando no sustento da família, e optou por se manter em silêncio. A filha tinha uma relação muito amorosa com o pai e esperou uma reação dele. No dia seguinte, ela manifestou para os pais que não queria ir à missa, e foi repreendida e obrigada a ir, rezar e cumprimentar o mesmo padre que havia lhe causado a pior experiência de sua vida. A confusão que se instalou na sua cabeça de 7 anos era imensa, considerando que ela contava que o pai soubesse o que tinha se passado, e não entendia por que ele, ainda assim, a obrigava a ficar perto do padre. A menina passou dias, que viraram semanas, que viraram meses, esperando uma atitude do pai, mas nada aconteceu. Ninguém mais tocou no assunto, enquanto a memória se dissipava até para ela, como forma de proteção; ela guardou a emoção em algum lugar dentro de si, e nunca mais se falou nisso.

Nesse momento, temos de voltar ao conceito de inconsciente da Psicanálise que me fez contar essa história em primeiro lugar – a memória guardada com emoção, que por vias neurais aciona o hipocampo, o sistema límbico, e foi escondida estrategicamente em nome da manutenção do amor do pai e da mãe e da segurança da menina. Contudo, o desaparecimento da lembrança é apenas aparente.

O que ela não sabia era que, assim como o que comemos passa por um processo químico e físico para ser metabolizado pelo corpo, os traumas são "metabolizados" em uma memória remota e emocional. No entanto, a partir dessa experiência, da qual ela sequer se lembrava, essa mulher estruturou uma autoimagem de incapacidade de ser amada pela figura representativa masculina. Ela vai processar a decepção amorosa como evidência da veracidade de suas crenças da incapacidade de ser amada.

Esse inconsciente funciona então como uma sala de aula, que está inserida num prédio, em que ocupamos apenas um dos cômodos, enquanto as portas para os salões adjacentes estão fechadas e em um raio de três quilômetros dali, existem outros edifícios, casas e ruas. Para que a menina consiga conviver com os pais e o padre, ela realoca a memória fora da sala, em alguma outra esquina e fecha a porta. Mantendo no consciente um esquecimento, para se ver livre do sentimento conflituoso. Entretanto, essa emoção, fora da sala, corre por outros cômodos, toma rumo próprio, demorando um tempo para ser metabolizada, até ficar perto da porta, onde passa a bater todos os dias, atrapalhando a vida consciente dela dentro da sala. As experiências marcantes vividas, em especial, até os 7 anos, com pais ou substitutos dessas figuras, guardam uma memória escondida, confinam emoções que nunca mais saíram dali, são metabolizadas com o tempo e podem atrapalhar a vida de um indivíduo. Freud postula que um sintoma demora tempo para se manifestar, mas eventualmente isso acontece.

Como uma pessoa que é assaltada num sequestro-relâmpago e talvez só depois de alguns meses comece a manifestar medos de situações parecidas com aquela que sofreu, com relação à rua onde estava, o horário em que isso aconteceu, andar sozinha. A mesma coisa com a mulher que cresce e sente dificuldade de acreditar em figuras representativas masculinas, criando situações que a protejam desse tipo de vínculo que já lhe gerou dor.

Durante o processo terapêutico dessa participante, ela fez um resgate e procurou falar com a mãe sobre isso. Ela narra de novo para a mãe o que aconteceu, e pergunta por que o pai não fez nada, não a ajudou ou se manifestou. Ao narrar para a mãe, ela revive a história e uma emoção se aflora, uma mistura de raiva e tristeza, uma limpeza emocional daquilo que ficou guardado atrás da porta – o método catártico. Foi quando a mãe, também emocionada, contou que ela nunca disse nada para o pai, para não atrapalhar a vida delas naquele momento. A partir daí é necessário aplicar três técnicas em conjunto: narração específica da situação, reatualização do afeto (guardado atrás da porta) e interlocução (alguém para contar). Nasce, assim, a importância de um inconsciente relacionado a rejeição, aceitação, muito controle e pouco controle por parte de nossos pais ou figuras representativas durante a nossa primeira e segunda infância. Esse inconsciente da Psicanálise.

O foco deste livro é o terceiro inconsciente – apesar de sempre retornarmos aos outros dois, uma vez que na mente, assim como no cérebro, nada acontece independentemente, as ligações são a tônica da nossa existência. Nosso objetivo principal é trabalhar esse inconsciente neurológico da percepção, que envolve a Gestalt e é parte do domínio do funcionamento cerebral a partir de esquemas automáticos de reação.

O conceito de novo inconsciente, desenvolvido no âmbito da terapia cognitiva, aborda circuitos neurais, os esquemas, que ao todo são dezoito. Na visão atual da Neurociência sobre a dinâmica cérebro-mente, foi possível estabelecer que a maior parte da atividade mental é na verdade inconsciente, e apenas uma pequena parte dela está envolvida nos processos mentais conscientes. No segundo inconsciente (o "Freudiano", que já citamos), isso costuma ser representado pela metáfora do *iceberg*, em que a parte submersa – muito maior – seria o inconsciente ou grande parte dele. Marcos Motarroyos Callegaro desenvolve em seu artigo "O novo inconsciente na terapia cognitiva" o conceito desse "novo inconsciente" ou o "consciente cognitivo", que foi trazido por John Kihlstrom, a partir de um conceito de mente como um mecanismo de processamento de informação, desenvolvido por volta de 1987. Para este teórico, o funcionamento mental envolvia processos inconscientes e conteúdos conscientes. A sua ideia central era a de que o cérebro efetua milhões de operações complexas cujo resultado pode se transformar em conteúdo consciente, embora não tenhamos acesso às operações que originam esse conteúdo.

Os esquemas partem do princípio de que, uma vez que um estímulo entra, estabelecemos ligações em nossa infância que fazem com que o cérebro só conheça um caminho para provocar reações. Isso foi formulado para explicar o funcionamento mental inconsciente. Temos, assim, processamentos automáticos de estímulos, implícitos, que usam o inconsciente como suporte. A ênfase da pesquisa está no processamento inconsciente envolvido no afeto, na motivação, na autorregulação, no controle e na metacognição. O modelo desse inconsciente é analisado do ponto de vista social, cognitivo e neurocientífico, mostrando um quadro em que os processos inconscientes e as respostas avaliativas acontecem automaticamente, entre elas, a perseguição inconsciente de metas.

Isso acontece porque por meio dos primeiros estímulos que recebemos durante a vida, podemos estabelecer um fator de fidelização ou repulsa ao termos um conjunto de impulsos sensoriais no primeiro contato com alguma coisa. Essa primeira sensação causada pelo estímulo é o *imprinting*, cujo funcionamento pode ser observado no inconsciente. Os *imprintings* que vão sendo modelados durante a nossa criação vão construindo neurosinapses mais favoráveis à iniciativa, ao risco e à visão. E o córtex pré-frontal vai reforçando essas novas sinapses quando lança mão desses caminhos para resolver problemas e tomar decisões.

Um esquema é um conjunto de elementos organizados de reações e experiências passadas que formam um corpo de conhecimento relativamente coeso e persistente, capaz de guiar a percepção humana. Em terapia cognitiva, isso se refere a uma rede estruturada e inter-relacionada de crenças que podem ser ativadas ou desativadas conforme a experiência que se apresenta. É uma estrutura cognitiva que processa a informação, avalia os estímulos que recebemos e nos torna capazes de nos orientar no tempo e no espaço, interpreta nossas experiências e lhes atribui significado. Imagens, sonhos e associações livres mostram sempre os temas recorrentes que foram relacionados aos esquemas, que, quando são disfuncionais, explicam nossos padrões de comportamento e a distorção das situações que podemos fazer a partir dessas interpretações – como concepções errôneas, atitudes distorcidas, premissas inválidas, metas e expectativas não realistas.

Segundo Jeffrey Young, é durante a infância que estabelecemos esses Esquemas Iniciais Desadaptativos (EIDs), que são crenças e sentimentos incondicionais sobre nós mesmos com relação ao ambiente, eles contêm memórias, emoções, sensações corporais e cognições, e que se tornam disfuncionais diante dos desafios da vida, uma vez que são gerados a partir da relação da criança com aqueles que cuidam dela. Os esquemas foram reações aprendidas que se tornaram automáticas e, como foram efetivas para o funcionamento do indivíduo em certo momento, tornaram-se estilos de enfrentamento levados para a vida adulta.

Young afirma que todos os organismos apresentam basicamente três respostas (estilos de enfrentamento) quando percebem uma ameaça: luta, fuga ou congelamento. A ameaça é a frustração de uma necessidade emocional profunda no desenvolvimento afetivo da criança (como a ligação segura com os outros, autonomia, expressão livre, espontaneidade e limites realísticos) ou até mesmo o medo das emoções intensas desencadeadas pelo esquema.

A terapia do esquema possui o objetivo de alterar esses comportamentos, por meio da investigação da modelação que sofremos do meio, mas também das conexões neurais estabelecidas e ao peso das experiências sobre essas conexões. A primeira parte do tratamento é identificar que esquemas são esses, conectá-los aos problemas da pessoa e compreender como eles foram criados. A partir daí, começa a ser estabelecida a mudança de esquema, a partir da conscientização e de novos registros de pensamentos, exemplos e cenas que se aplicam às suas necessidades correntes – o que leva a mudanças efetivas no seu comportamento, que é regido pelo terceiro inconsciente.

Em geral, não estamos conscientes da operação dos esquemas, mas de seus resultados, que compõem o núcleo de nossa personalidade. Os esquemas podem realizar uma série de manobras cognitivas, distorcendo o processamento de dados da realidade para se manter operantes, resistindo às mudanças. Eles são ativados por eventos significativos para a pessoa, como por exemplo, alguém com esquema de fracasso tem pensamentos derrotistas com elevada carga emocional ("não vou conseguir"), quando está diante de uma tarefa difícil, que lhe causam sofrimento. Esses esquemas disfuncionais se originam a partir de fatores biológicos e de temperamento, da criação e das influências sociais. A teoria, até o momento, identificou dezoito esquemas iniciais, que se agrupam em cinco grandes áreas, relacionadas às cinco tarefas de desenvolvimento primárias que a criança precisa realizar: conexão e aceitação, autonomia e desempenho, auto-orientação, limites realistas e autoexpressão, espontaneidade e prazer. A criança desenvolve EIDs dentro de uma ou mais dessas áreas quando não consegue progredir de forma sadia em função de experiências parentais e sociais inadequadas ou predisposições temperamentais. No caso de lembranças traumáticas, a hipótese é a de que a memória inconsciente é enfraquecida, e um correlato neural de alguns mecanismos de evitação cognitiva é o sistema de memória explícita do lobo temporal, medial, composto pelo hipocampo e por regiões adjacentes. Esse sistema cerebral fica bastante danificado por níveis cronicamente elevados de cortisol, substância liberada como parte das reações de estresse causadas por situações traumáticas, o que pode explicar parte do esquecimento dessas lembranças como uma proteção instintiva neural.

O terceiro inconsciente aproxima-se do primeiro, pois ignoramos o funcionamento de ambos: sabemos que ele é um grande senhor, que determina padrões de comportamento de boa parte de nosso consciente. Esse outro inconsciente coordena o que fazer com nosso passado e como agir no agora. Ele não se submete a mais nada, apenas a estímulos do meio em que vive e respostas a esses estímulos. É o que prefiro chamar de "inconsciente da percepção".

É um inconsciente que diz respeito à memória sensorial, ao sistema límbico, e ao córtex pré-frontal e que faz as pessoas mais altas conquistar empregos melhores, compõe a percepção de mundo que nos confere. A partir dele, temos a primeira impressão de uma pessoa em fração de segundos e determinamos nossas reações imediatas sempre baseando-nos em informações neurofisiológicas e fortes impressões passadas.

Quando falamos dos lóbulos e da formação do cérebro, precisamos pensar nele como dividido em três: telencéfalo e diencéfalo em cima, juntos, de onde sai a família dos tálamos, que constituem esse sistema límbico, determinante para nossas emoções. Os tálamos cuidam das nossas necessidades primitivas: o centro da saciedade, o controle da temperatura e da sede, funções cardíacas. Eles são responsáveis pelo sistema parassimpático, que cuida automaticamente de nós. Ele controla nossa temperatura para que não fiquemos com febre, checa nossa sede e nos avisa para beber mais água, para que não fiquemos desidratados. O sistema límbico está acostumado a voltar para o arquivo do estímulo. Um pai que é muito rígido com um filho faz com que a bronca que o garoto recebe vá parar no hipocampo, estrutura responsável pela memória emocional. É como o caso que citamos do participante que reage de modo excessivamente intenso à possibilidade de eu derrubar uma garrafa de água, mostrando que a sensação de frustração foi marcante, ficou guardada, e esse estímulo passou pelo sistema límbico, foi processado. O hipocampo codificou o registro. O córtex pré-frontal recebe o estímulo, acorda o hipocampo e envia um código para isso: "Faça alguma coisa ou receberá outra bronca".

Isso é trabalho do sistema límbico, o grande responsável pelos nossos comportamentos sociais e base de todas as estruturas cerebrais relacionadas com comportamentos emocionais e sexuais, memória, aprendizado e algumas respostas homeostáticas. Sua principal função é fazer a ponte entre informações que captamos e o conteúdo emocional que será atribuído a elas. Assim como vimos o participante do grupo ligar a bronca do pai e sua sensação de frustração e repressão à imagem da água que caía, o sistema límbico junta informações sensoriais com o estado psíquico interno, registrando a informação e relacionando-a com as memórias preexistentes para produzir, a partir disso, uma resposta emocional.

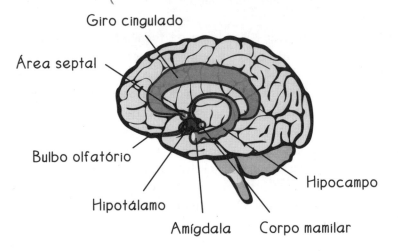

Ao entender esse sistema, e, mais importante, o funcionamento do córtex límbico – uma área de associação para o controle do comportamento (incluindo responder a ameaças sofridas pelo organismo) compreendemos que todo o movimento que realizamos, toda a memória que é evocada e todos os nossos padrões de comportamento passam, de alguma maneira, pelo sistema límbico – mas são padrões passíveis de ajuste, a partir dos exercícios que proporei nos próximos capítulos. Esses sistemas neurais formam circuitos de repetição.

TESTE DE MATRIZ DE ORIENTAÇÃO PARA RESULTADOS

Para entender como o cérebro se relaciona com a produção de resultados, faça o teste da matriz que foi citada nesse capítulo sendo verdadeiro consigo mesmo através de seus pensamentos. Esse é o perfil de seu condicionamento de orientação para resultado, a forma como seu cérebro se organiza para buscar esses resultados através de sete características. E, daqui em diante, vamos trabalhar cada ponto com exercícios que possam promover novas conexões neurais no funcionamento de seus resultados, a partir dos quais é possível desenvolver novas atitudes, novos pensamentos e sentimentos.

Questionário de Autoavaliação para Mapeamento de Traços de Orientação para Resultados

[Desenvolvido pela equipe COGNI-MGR (Mente, Gestão, Resultados), sob coordenação do metodologista Douglas Burtet]

Instruções

1. *Este questionário contém quarenta declarações. Leia cada uma e decida qual delas melhor descreve você. Seja honesto consigo mesmo. O questionário tem o objetivo de ajudá-lo em seu desenvolvimento pessoal.*

2. *Escolha um número que melhor descreva suas crenças, seus valores, sua conduta etc.*
   5 *Sempre.*
   4 *Muitas vezes.*
   3 *Algumas vezes.*
   2 *Raras vezes.*
   1 *Nunca.*
   0 *Não sei. Nunca pensei sobre isso.*

3. *Anote o número escolhido na linha à direita de cada declaração, conforme o exemplo abaixo:*
   Não me permito pensar no futuro como obscuro e difuso. 3
   (A pessoa considerou que a situação acima em "algumas vezes" a descreve e, portanto, escreveu o número 3 na linha.)

4. *Não pule nenhum item. Responda a todos.*

5. *FIQUE ATENTO! Algumas declarações são negações.*

* * *

1. Não me permito pensar no futuro como obscuro e difuso._____

2. Considero minhas possibilidades de êxito ou fracasso antes de começar a atuar._____

3. No negócio, dedico tanto tempo a pensar em como fazê-lo crescer quanto a resolver problemas do cotidiano._____

4. Planejo um trabalho grande dividindo-o em partes menores com prazos determinados e responsáveis._____

5. Posso tornar meu sonho comum com as outras pessoas, contando isso de uma maneira tal que os estimule a me apoiar._____

6. Não me importo de trabalhar sob condições de incerteza, desde que haja uma probabilidade razoável de obter ganhos com isso para mim._____

7. Acredito que barreiras e problemas podem ser transformados em oportunidades a ser exploradas._____

8. Escuto atentamente, por mais simples que seja a pessoa que esteja falando._____

9. Com tantas mudanças, é impossível prever o futuro. Prefiro improvisar conforme os problemas surgem._____

10. Considero que vale a pena correr risco se a probabilidade de sucesso for entre 70% e 80%._____

11. Quando enfrento um problema difícil, dedico grande quantidade de tempo para encontrar uma solução._____

12. Meus resultados são facilmente monitorados porque os quantifico. _____

13. Não me entrego facilmente, mesmo diante das dificuldades e dos obstáculos._____

14. Tenho dificuldade de ser afirmativo contra a opinião da maioria. _____

15. Sinto confiança de que terei sucesso em qualquer atividade que me disponha a fazer._____

16. Reconheço que fracassei no passado._____

17. Tenho uma visão clara e específica do futuro de meu negócio. _____

18. Não gasto tempo nem dinheiro fazendo "pesquisa de mercado". Se o produto vende, continuo produzindo._____

19. Analiso com cuidado qual a forma correta de executar as tarefas. _____

20. Reviso constantemente meus planos visando alcançar os resultados almejados._____

21. Trabalho várias horas e faço sacrifícios pessoais para concluir meu trabalho no prazo exigido._____

22. Preparo-me para os problemas antes que eles surjam._____

23. Fracassos me desencorajam._____

24. Fico muito aborrecido quando não consigo o que quero. _____

25. Para alcançar minhas metas, procuro soluções que beneficiem todas as pessoas envolvidas em um problema. _____

26. Quando começo um trabalho ou projeto, reúno toda informação possível. _____

27. Quando falho num objetivo, imediatamente direciono minha atenção para outro objetivo. _____

28. Regularmente verifico a que distância estou de alcançar os resultados que determinei. _____

29. Se meu negócio fracassa, não tomo isso como um fracasso pessoal. _____

30. Não consigo esperar e ver as coisas acontecerem; prefiro fazê-las acontecer. _____

31. Não avalio o trabalho pelo pagamento que recebo, mas pela satisfação e sentido de realização que tenho com ele. _____

32. Obter vantagens de outras pessoas é necessário para o negócio. _____

33. Reflito sobre meus pontos fortes e como usá-los melhor. _____

34. Tenho registros detalhados sobre todas as operações de meu negócio. _____

35. Quando faço algo, certifico-me de que não seja apenas feito, mas que o seja da melhor maneira possível. _____

36. Acho que não é necessário ser sistemático e racional a respeito do planejamento, desde que haja a vontade/desejo de fazer o que se quer fazer._____

37. Sou eu, não a sorte ou o destino, quem influencia o surgimento dos eventos na minha vida._____

38. Uma vez que eu inicie uma tarefa, geralmente persisto até conseguir completá-la._____

39. Quando o conhecimento, a experiência e o treinamento do negócio que tenho em vista não são o suficiente, eu ajo para me fortalecer._____

40. Para mim, é fácil admitir quando não sei algo._____

***

FOLHA DE AVALIAÇÃO

Instruções

- Anote as respostas do questionário sobre as linhas acima dos números que se referem a cada declaração.
- Observe que os números das declarações são consecutivos em cada coluna.
- Faça as somas indicadas em cada linha para computar os pontos de cada um dos traços.

_____ - _____ + _____ + _____ + _____ + 5 = Capacidade de visualização
01   09   17   25   33

_____ + _____ − _____ + _____ + _____ + 5 = Superação de desafios
  02   10   18   26   34

_____ + _____ + _____ − _____ + _____ + 5 = Manutenção do foco
  03   11   19   27   35

_____ + _____ + _____ + _____ − _____ + 5 = Criação de mapas de
  04   12   20   28   36   percurso

_____ + _____ + _____ − _____ + _____ + 5 = Expectativa e orientação
  05   13   21   29   37   (*drive*)

_____ − _____ + _____ + _____ + _____ + 5 = Tolerância à incerteza
  06   14   22   30   38   ou ambivalência

_____ + _____ − _____ + _____ + _____ + 5 = Autorreforço para a
  07   15   23   31   39   autoestima

_____ − _____ − _____ − _____ + _____ + 18 = Fator de correção
  08   16   24   32   40

FOLHA PARA CORRIGIR A PONTUAÇÃO

Instruções

1. O fator de correção (que é igual à soma das respostas 08, 16, 24, 32 e 40) é utilizado para determinar se a pessoa tentou apresentar uma imagem altamente favorável de si mesma. Se o total dessa soma for igual a 20 ou maior, então o total da pontuação dos SETE TRAÇOS deve ser corrigido para poder dar uma avaliação mais precisa da pontuação dos TRAÇOS da pessoa.

O CÉREBRO DE ALTA PERFORMANCE • 75

2. Empregue os seguintes números para fazer a correção da pontuação:

Se o total do fator de correção for:	Diminua o número abaixo da pontuação de todos os traços:
24 ou 25	7
22 ou 23	5
20 ou 21	3
19 ou menos	0

3. Abaixo, você poderá fazer as correções necessárias.
   Resultados da pontuação corrigida

	Pontuação obtida	−	Fator de correção	=	Total corrigido
Capacidade de visualização		−		=	
Superação de desafios		−		=	
Manutenção do foco		−		=	
Criação de mapas de percurso		−		=	
Expectativa e orientação (*drive*)		−		=	
Tolerância à incerteza ou ambivalência		−		=	
Reforço próprio para a autoestima		−		=	

PERFIL DE MAPEAMENTO DE TRAÇOS

NOME:_____

	1 2 3 4 5 6 7 8 9 10 11 12 13 14 15 16 17 18 19 20 21 22 23 24 25
Capacidade de visualização (CV)	
Superação de desafios (SD)	
Manutenção do foco (MF)	
Criação de mapas de percurso (CMP)	
Expectativa e orientação (*drive*) (EO)	
Tolerância à incerteza ou ambivalência (TIA)	
Autorreforço para a autoestima (APA)	

Cada um desses sete itens será trabalhado a partir de exercícios nos próximos capítulos, analise bem quais são aqueles que você precisa desenvolver mais.

Resumo

- As sete características que compõem a matriz de orientação para resultados são:
  1. capacidade de visualização;
  2. superação de desafios;
  3. manutenção do foco;
  4. criação de mapas de percurso;
  5. expectância e orientação (*drive*);
  6. tolerância à incerteza ou ambivalência;
  7. autorreforço para a autoestima.

- Existe diferença entre conduta empreendedora e personalidade empreendedora; esta é configurada por três aspectos essenciais: sentir, pensar e agir.

- O comportamento empreendedor pode ser analisado por certas características comuns aqui sintetizadas que foram apresentadas em um meta-modelo em um treinamento a PME (Pequena e Média Empresa) pelo Sebrae, chamado Empretec:
  1. busca por oportunidades e iniciativa;
  2. persistência;
  3. comprometimento;
  4. exigência de qualidade e eficiência;
  5. correr riscos calculados;
  6. estabelecimento de metas;
  7. busca por informações;
  8. planejamento e monitoramento sistemáticos;
  9. persuasão e rede de contatos;
  10. independência e autoconfiança.

- A personalidade empreendedora é biopsicossocial, tem a ver com o que herdamos no temperamento, com o que vivenciamos, que nos traumatiza e nos forma.

3 Visualização

Só conseguimos atingir aquilo que somos capazes de ver.

Vou pedir que você faça um exercício. Escreva um objetivo nas linhas a seguir. É muito importante que você de fato escreva e não apenas pense. E é igualmente importante que você escreva o objetivo antes de ler o capítulo até o fim, pois ele vai lhe ajudar com o que vem a seguir.

_____

_____

Considerando que você já escreveu seu objetivo, vamos entender sobre a visualização. Lembra-se do caso que citamos no capítulo 1? Uma das maiores elites de soldados do mundo, a marinha norte-americana, que passa por um treinamento em San Diego, tem um percentual muito grande de evasão durante o curso, mesmo se tratando de soldados altamente preparados que optaram por um processo de aprofundamento para fazer parte dessa força especial. Nos últimos dez anos, os oficiais começaram a notar que existia um diferencial que não tinha a ver com a capacidade física ou fisiológica do indivíduo. O treinamento começava com uma seleção de recrutas que já eram verdadeiros atletas, às vezes até maratonistas ou triatletas profissionais, soldados preparados, com o corpo já capaz e pronto para superar desafios. Um equipamento fisiológico propício, mas que era superado por recrutas que sequer tinham preparo ou porte, contudo, conseguiam chegar até o final. Isso fez os oficiais pensarem que havia algo além de físico. Assim, foi encomendada uma pesquisa para descobrir o que os soldados que se formam *mariners* têm de diferente na mente, e os neurocientistas produziram um estudo intitulado "Resistência mental".

A partir desse experimento, os instrutores chegaram a quatro técnicas de controle mental:

1) estabelecimento de metas de curto prazo/fixação de metas;
2) construção de cenários mentais (visualização)/ensaio mental;
3) diálogo interno;
4) controle da excitação pela respiração.

1) Estabelecimento de metas de curto prazo/fixação de metas

A primeira técnica consiste em estabelecer metas de curto prazo, o que ajuda os lobos frontais – responsáveis pelo raciocínio e pelo planejamento – a organizar a execução de cada etapa para a conquista do seu objetivo, definir em meio ao caos a sequência de ações que devem ser realizadas e manter a amígdala sob controle.

2) Construção de cenários mentais (visualização)/ensaio mental

Nessa segunda técnica, a pessoa focaliza mentalmente uma atividade, pratica, ensaia, imagina diversas vezes até que, quando for de fato executá-la, seja algo mais natural. O ensaio mental, o planejamento do que fazer quando estiver em situações de estresse, treina para que quando tiver de enfrentá-las ela tenha uma reação menos inesperada, afinal estará previamente preparada.

3) Diálogo interno

Todos temos uma voz interna e conversamos conosco o tempo todo. Em média, essas conversas têm um ritmo de trezentas a mil palavras por minuto, e a terceira técnica se concentra em aproveitar essa capacidade de modo que o diálogo interno seja motivador. Se as palavras que dizemos para nós mesmos forem positivas, nós nos ajudamos a reprimir o sinal de medo que recebemos da amígdala em situações de tensão e recebemos um impulso extra para completar a tarefa que nos foi dada.

4) Controle da excitação pela respiração

O controle da excitação é baseado na respiração. Dominar a respiração nos ajuda a conter nossos impulsos. Se, por exemplo, respiramos devagar de propósito, conseguimos inibir os efeitos de pânico e, se expiramos longamente, imitamos a técnica de relaxamento do corpo e o cérebro recebe mais oxigênio, ajudando-o a funcionar melhor e a concentrar-se na situação que deve ser enfrentada.

A eficiência do uso dessas técnicas foi comprovada no processo de aprovação dos soldados *mariners*, que passaram de um quarto para um terço em relação ao total de ingressantes no programa.

Como já citamos, quando recebemos estímulo do ambiente, ele é processado primeiro pela amígdala, que provoca o medo. E como estratégia de sobrevivência, reagimos instintivamente a isso com impulsos de sair da situação. Essa reação de fuga traz consigo pensamentos negativos. O indivíduo não racionaliza que está pensando tudo isso, não se trata de um discurso argumentativo ordenado, mas o fluxo de palavras é intenso e impactante.

Todo o treinamento neural trata de desenvolver essas quatro características que protegem a mente da reação baseada no pânico. E isso é o centro deste capítulo: trabalhar a visualização de metas de curto prazo. A questão é como controlar o funcionamento da amígdala em relação ao córtex pré-frontal, considerando que, no caminho que o estímulo toma para ser processado em nosso cérebro, existe um intervalo até o julgamento do córtex que precisa ser diminuído. As reações da amígdala cerebral existem para nos proteger, claro, afinal é por causa dela que conseguimos desviar o carro na iminência de uma batida, por exemplo.

Contudo, em situações que requerem a deliberação de ações, o instinto já se torna um risco. Assim, hoje existe menos evasão no curso da marinha, porque há uma capacitação para aprender a lidar com o cérebro.

Neste capítulo, nós nos concentraremos em como trabalhar visualizações e metas, assim como as críticas sobre a prática de estabelecer metas – afinal todos nós já tivemos resoluções que não deram em nada – e como estas podem ser contornadas.

O cérebro trabalha com formas e imagens. Isso significa, em resumo, que visualizações futuras que conseguimos enxergar são mais prováveis de ser atendidas. Dessa forma, a visualização é um passo absolutamente fundamental para que um quadro mental se estabeleça com precisão. Montar em sua mente a situação de desejo é, de certa maneira, já se colocar onde quer estar. Ter sucesso, orientar-se para o êxito é saber aonde se quer chegar e conseguir se colocar nessa situação. É ter a cena da conquista construída dentro da mente. Assim, vamos acostumando nosso cérebro a agir de acordo com essa circunstância, quanto mais conseguimos visualizar e nos colocar nessa posição, mais perto e natural a situação de conquista nos parece.

Essa é uma prática executada e treinada por diversos profissionais de elite, os grandes atletas passam meses treinando tanto física quanto mentalmente para as competições. Na concentração, antes de cada prova, eles estão focados no que farão em cada momento dela. Na visualização, cada passo, braçada ou chute já foi imaginado previamente várias vezes, utilizando técnicas de mentalização. Um piloto de Fórmula 1 é capaz de dirigir o circuito inteiro de olhos fechados no seu exercício de mentalização, visualizando os pormenores da situação. Por exemplo, vou pedir que você não pense numa maçã verde. Ou melhor, não pense numa vaca de tetas cheias em uma manhã de domingo, pastando em uma chácara, onde o orvalho ainda repousa sobre a grama, muito menos eu pediria que você pensasse que ela é preta e branca. Você já deve ter entendido o que acontece, mesmo que eu tenha começado dizendo não, construí um quadro mental para você. Ou melhor, você construiu esse quadro.

No bom exercício de ensaio mental, assim como os atletas, somos capazes de simular e sentir de verdade tudo o que sentiríamos no momento da ação. A respiração acelerada, o coração em taquicardia. A mente reage tal qual fosse verdade. É um preparo neuromotor que nos permite reagir aos diversos cenários possíveis. A repetição de um movimento faz com que o corpo tenha memória sobre ele e comece a reagir imediatamente ao estímulo para o qual foi treinado. O nome desse conceito é psicocibernética, criado por Maxwell Maltz, nos anos 1960. Maltz comprovou que o hábito de fazer algo – seja estudar, correr, aprender a andar de bicicleta, ler etc. – é criado quando repetimos uma rotina por 21 dias consecutivos no mesmo horário e pelo mesmo intervalo de tempo. Ele conseguiu pensar nisso a partir da experiência como cirurgião plástico, ao perceber um padrão nas suas cirurgias e a atitude mental do paciente no pós-operatório. Maltz percebeu que a grande maioria dos recém-operados, apesar da mudança física drástica, mantinha por certo período as características e crenças de antes. Da mesma forma, os pacientes que haviam sofrido amputações ainda sentiam a presença dos membros amputados, fenômeno hoje conhecido como dor fantasma. O sistema neurológico do paciente levava três semanas para que acompanhasse as mudanças. As pesquisas neurológicas de Maltz demonstraram que a memória de longo prazo precisa das mesmas três semanas de repetições diárias para se estabelecer e ser incorporada. Um exemplo disso é um experimento feito com um grupo de controle de atiradores de elite, em que apenas sacavam a arma e atiravam direto para uma série de alvos, enquanto outro grupo passou por uma bateria de exercícios sem efetuar disparos, apenas sacando a arma, mirando, apontando e colocando-a de volta na posição original. Em decorrência dessa repetição de movimentos, o resultado na hora de atirar de verdade é aprimorado em quase o dobro em relação ao grupo anterior.

O treino melhora a capacidade de precisão na execução do movimento, e outro exemplo de sua importância é o que acontece com atletas de excelente desempenho. Neurocientistas dispostos a entender a relação do cérebro com o movimento estudaram atletas e perceberam que 50% da performance durante as competições está ligada ao cérebro.

> No bom exercício de ensaio mental, assim como os atletas, somos capazes de simular e sentir de verdade tudo que sentiríamos no momento da ação.

Controlar a mente é fundamental para ter um bom desempenho nas situações de tensão; e, nos esportes, essa necessidade fica bem clara, pois o dinamismo e a velocidade das respostas dos atletas exigem que as tomadas de decisão ocorram em milésimos de segundo. Se o atleta perde esse momento, desperdiça a chance de acertar o lance, o passe.

Em nosso cérebro, a repetição faz com que os impulsos corretos sejam enviados ao resto do corpo. Isso acontece da seguinte forma: os lobos frontais são os responsáveis por nos fazer aprender a execução de um movimento e o cerebelo, por nossa habilidade motora e realização de sequências de movimento, usa da repetição desses exercícios para criar uma memória de procedimento, que resulta em alta performance. Os próprios músculos, conforme treinamos, criam sua memória e a sequência de contrações para realizar o movimento, quando estimulados. Treinar faz com que possamos reagir com mais naturalidade em situações extremas. A preparação neurobiológica é capaz de ativar *feedbacks* físicos e emocionais. Assim, ansiedades e medos, receios e situações são previstos e, então, podemos reagir antecipadamente, e o corpo responde de modo automático.

Em seu livro *O estilo emocional do cérebro*, Richard Davidson afirma que existe um paralelo entre os estados deprimidos, a capacidade de visualizar situações futuras e o funcionamento do cérebro. Ele conta que, ao fazer uma parceria com o pesquisador Nathan Fox, iniciou um estudo que media a atividade cerebral de bebês de 10 meses em relação a estímulos visuais de alegria e tristeza, uma vez que eles não possuem ainda amarras culturais que reprimam suas reações. Assim, comprovou que esses bebês, quando viam um rosto que sorria, também se sentiam felizes – e acendiam a parte esquerda de seu córtex pré-frontal. E quando viam imagens de pessoas tristes podiam até chegar a chorar, aumentando a atividade do lado direito do córtex pré-frontal. Ele estendeu a teoria da motivação no córtex estudando pessoas que apresentavam estados deprimidos e verificando que também as mais deprimidas possuíam maior atividade no lado direito e menor no esquerdo. Entretanto, com outra informação interessante: depois de um tratamento bem-sucedido, o lado esquerdo era estimulado e ganhava maior atividade. Ele afirma acreditar que o cérebro deprimido pode ser treinado com terapia comportamental para conseguir maior atividade nas áreas que necessitam de motivação – mesmo guardando a ressalva de que existem diversos tipos e diversas causas de depressão. A consequência do desenvolvimento da capacidade de se automotivar por visualização é conseguir planejar, prever o futuro e realizar ações direcionadas aos objetivos, imaginando que certa ação lhe proporcionará felicidade, ou mesmo a sensação de realização, estimulando o lado esquerdo do córtex pré-frontal a criar novas sinapses e fortalecer as já existentes.

Tenho exemplos concretos disso nos grupos dirigidos, depois do módulo de visualização (que você vai aprender aqui), em que é organizado mentalmente e fica claro tudo aquilo que é desejado, as pessoas ficam motivadas, mesmo se estiverem enfrentando momentos difíceis, pois passam a produzir sinapses em outras áreas, gerando a sensação de "dá para fazer isso, é possível!". Essas novas ligações neurais agem na área esquerda do cérebro.

FOCO, OBJETIVOS E RESULTADOS

A mentalização é uma poderosa ferramenta, mas, como tal, precisa ser utilizada corretamente. E assim tornar o exercício efetivo e os resultados concretos. Dessa forma, primeiro é preciso ter consciência clara de aonde se quer chegar. Qual é o fim do caminho?

Por exemplo, quando menciono uma viagem de férias à praia, você imagina o sol, o mar. Faça um esforço e tente sentir a brisa nos braços. Aquela bebida refrescante nas suas mãos. A cor do guarda-sol. Você vai se colocando nesse lugar e ele fica cada vez mais próximo.

Nesse momento você está na praia.

É um objetivo claro e concreto. É um lugar possível de chegar. Preste atenção que, nesse meio-tempo em que você imaginava, o mundo inteiro sumiu. Isso é foco. Toda a sua energia e sua vontade estavam concentradas em apenas um lugar.

Estando no lugar, nós sentimos aonde é possível chegar. Para conseguir tornar sua visualização eficiente e concentrada em resultado, pegue o objetivo que você escreveu no início deste capítulo. Ele precisa ser agora estruturado da seguinte forma:

Comece com um verbo de ação no infinitivo (comprar, fazer, correr, vender, construir, escrever, viajar, ler, trocar, aprender, terminar)

Perceba que todos esses verbos promovem um quadro mental diferente do que se usarmos "pesquisar", "desenvolver", que são mais amplos – porque isso pode significar muitas coisas, então não definem seus objetivos claramente. Certifique-se de que as frases que delimitam seus objetivos sejam estruturadas com o centro em um verbo de ação no infinitivo que não seja vago, que represente uma atividade específica.

O segundo aspecto de estruturação do seu objetivo é dar a ele um parâmetro de prazo. Não é uma data específica, procure cercar o prazo numa janela que aprisione o que deve ser feito, como por exemplo: "De 15 de agosto até 10 de setembro". Não um *deadline* "10 de setembro", mas um bloco de tempo. Esse cuidado tem motivo: o ser humano possui três instintos básicos de sobrevivência: estar limpo, alimentado e descansado. Protelar alguma ação, prorrogar o que precisa ser feito é natural do ser humano. Portanto, se você estabelece uma única data ou um "até", uma região do cérebro (o já citado circuito do prazer), na tentativa de buscar um equilíbrio fisiológico, ao perceber a possibilidade de fazer amanhã aquilo a que nos propomos vai nos empurrar para prorrogar, com o intuito de antecipar sempre a sensação de estarmos limpos, alimentados e descansados.

> Quando protelamos e o prazo estoura, isso nos obriga a viver no "modo bombeiro", apagando fogo. Os trabalhos então saem "o que deu para fazer", e daí o limite de performance fica no tempo e não na competência.

Você protela, todo mundo protela. É algo próprio do ser humano porque esses critérios biológicos de satisfação nos são conhecidos por registros atávicos, eles existem e são passados pelas gerações e estão em nós antes mesmo de nascermos. Está marcado em nosso DNA. Todos fazem isso. Todo mundo tem essa tendência de ficar um pouco mais na cama, de tomar aquela bola de sorvete extra. Eu, você e o Albert Einstein. A vontade de alongar o sono e ficar na cama é natural do homem, estamos com todas as necessidades vitais preenchidas. Ao abrir nossas listas de pendências é que começamos a nos preocupar. Os prazos que vencem hoje, aquele trabalho que ficou para trás, ler aquele artigo, preparar aquela apresentação. Vamos sempre correndo atrás das coisas que deixamos para depois. Quando protelamos e o prazo estoura, isso nos obriga a viver no "modo bombeiro", apagando fogo. Os trabalhos então saem "o que deu para fazer", e daí o limite de performance fica no tempo e não na competência.

É preciso entender que as coisas não precisam ser feitas em um momento único. Podemos ter janelas de efetividade. Considerando a sequência de ações, nosso primeiro pensamento é o de que para que se possa fazer uma coisa, outra deve ter sido acabada. Assim, dê a você não um dia, mas um período. Simplificando: você deve se dar um prazo para começar, outro para desenvolver e outro para acabar. Se algo deve ser entregue, vamos supor, no dia 25 de maio, comece a fazê-lo no dia 15. Comece alguma coisa. Escreva alguma linha, ligue para tal pessoa. Dessa maneira, durante os dias seguintes você sentirá a vontade diária de continuar a fazer, e não apenas a ansiedade de precisar começar.

As visões ajudam a organizar o córtex pré-frontal para suas ações executivas: planejamento, monitoramento de metas. Enquanto ele não atua olhando as prioridades, o que temos para fazer fica em curto circuito. Nós temos uma reação de estresse e ansiedade gerada no cérebro quando vemos as atividades que precisamos fazer em um bloco só (como uma mudança de casa, por exemplo, que nos faz suar e se preocupar só de pensar nos mil detalhes que isso envolve). Isso se dá porque o tamanho da tarefa faz com que tentemos nos proteger instintivamente: o sistema límbico é ativado, as amígdalas reagem e é liberada uma descarga de cortisol em nosso corpo. O que o cortisol faz é tentar obrigar o indivíduo a descansar, como se dissesse: "Desacelere, você não está bem, está hiperestressado". O cérebro reage assim porque, para não entrar em modo de alerta, ele precisa ver a tarefa priorizada e segmentada. Para isso, o método de escrever quais são as partes pequenas de um grande objetivo torna claro o que deve ser feito primeiro e alivia a ansiedade. Então, antes de um dia de muita demanda, o que ajuda a não procrastinar e nos deixa mais calmos é tirar dez minutos iniciais para escrever tudo o que precisa acontecer no espaço daquele dia. Essa não é uma lista de tudo o que precisa fazer na vida (certamente há diversas coisas que precisam acontecer, mas não naquele dia – afinal, comprar uma escova de dentes não tem o mesmo peso de entregar o relatório para a diretoria). É uma lista abreviada das coisas que precisam fazer no dia. Essa é a importância das visões registradas no papel, mesmo em um dia de estresse, pois limpar a confusão mental das tarefas que temos de cumprir faz com que sejam estruturados caminhos neurológicos para melhor resolvê-las, organizando o córtex pré-frontal sobre elas, criar departamentos para as funções executivas: planejamento, monitoramento de metas e persistência para atingir objetivos. Você ajuda o córtex a se organizar em prioridades e não a lidar com o dia sob um modo de ameaça e reação instintiva.

Para começarmos a nos sentir cobrados por um objetivo, é preciso que seja colocado no papel o início da vigência para atingi-lo e até qual data isso é válido. Como escrevemos o verbo de ação acompanhado de uma janela de prazo (exemplo: Trocar de carro entre 15 de agosto e 30 de setembro), ao entrar na primeira data da janela algo no seu cérebro vai apitar, indicando: "Olha, começou o prazo" e, na tentativa de manejar a homeostase, ou seja, o equilíbrio fisiológico, uma memória começa a cobrar você como se fosse um juiz. Se estabelecermos uma data apenas, o risco de só começarmos quando ela chegar é muito grande em termos de caminhos neurais. Com esse mecanismo que apresento, já começa a ser condicionado um circuito no qual você passa a avaliar possibilidades e pesos de ação. A janela estabelecida não pode ser muito longa, ela tem de ser fechada no tempo.

O terceiro aspecto: estabeleça quantificação, mensure tudo o que puder ter medida colocando números, valores, por exemplo, de "10 mil a 12.500 reais". Ou "contratar de três a quatro vendedores". A variância entre esses números não pode sobrepor a média de 25%. Um milhão a dois milhões é uma variância de 100%, já a diferença entre um milhão e 1,25 milhão é uma medida fechada desse intervalo de 25%. Isso exige que na hora de escrever você pare para refletir com dados de realidade, com referencial que não deixa o objetivo sair do controle e virar um sonho. Portanto, o objetivo que no início deste capítulo apareceria como "trocar o carro em 2014" deve virar "trocar o carro entre 30 de agosto e 30 de setembro, gastando entre 15 mil e 17 mil reais".

Ao fazer esse exercício, você naturalmente se obrigou a definir o modelo do carro – afinal, ele precisa caber tanto no prazo quanto na medida que será proposta. Isso exige que a primeira parte, que engloba o verbo de ação, seja ainda mais específica: "Trocar o carro por um Voyage, ano 2014, entre 30 de agosto e 30 de setembro, gastando entre 15 mil e 17 mil reais".

Agora sua visualização deixa de ser um desejo, um sonho e passa a ter características que provocam em você a direção para resultados, proporcionando uma tela mental e fazendo com que o córtex pré-frontal reflita sobre a possibilidade real, saindo do campo mental do sonho para o resultado.

Sabendo de tudo isso, reescreva o objetivo, colocando um verbo de ação no infinitivo, especificando seus detalhes ao máximo possível, colocando um prazo fechado de tempo para que ele aconteça (a fórmula "de X até Y") e quantificando o número, sem exceder os 25% de variação.

_____

_____

Analise o quadro mental que foi construído enquanto você escrevia. Isso se dá porque o cérebro trabalha muito mais facilmente com imagens visuais e reais, e só se pode estabelecer um caminho forte com o córtex pré-frontal ao diminuirmos as idealizações e aumentarmos o propósito da realização.

Em 1953, na Universidade de Harvard, nos Estados Unidos, um estudo entrevistou todos os formandos. Entre as várias perguntas, uma era sobre o que pretendiam alcançar. A pesquisa perguntava também se a pessoa tinha, em algum momento, escrito esses objetivos.

Somente três em cada cem formandos tinham por escrito o que queriam fazer na vida. Vinte anos mais tarde, todos foram novamente entrevistados. Imagine o resultado: aqueles 3% de formandos que tinham registrado suas metas por escrito valiam mais financeiramente do que os outros 97% juntos! E não é só isso: eles eram os mais sadios, os mais alegres e os mais satisfeitos com a vida dentre todos os ex-alunos pesquisados. Eles apresentavam menor índice de hospitalização e menores índices de divórcio, entre outros fatores. Os investigadores ficaram tão impressionados com os resultados que resolveram analisar se esse grupo era diferente do restante da turma.

Será que esse grupo era mais inteligente? Não, não era. Será que seus integrantes vinham de famílias diferenciadas? Não, não vinham. A estrutura familiar deles era a mesma. Será que esse grupo tirava melhores notas na escola? Também não. Todas as variáveis eram iguais.

O único aspecto que fazia a diferença era que o grupo dos 3% tinha por escrito o que faria nos próximos seis meses, um ano, cinco, dez, quinze, vinte anos após a formatura.

VISUALIZAR, ESCREVER E ATINGIR

Para conseguir conquistar alguma coisa, é preciso seguir uma série de passos, ações concretas que nos deixam cada vez mais próximos de onde queremos chegar. Há uma característica especial nessas ações, elas podem ser mensuradas, escritas com verbo de ação, medidas no tempo.

Imagine uma receita de bolo. Para que ela dê certo, é preciso seguir um roteiro, um plano de ação: "Bata os ovos", "Misture a farinha", "Acenda o forno". E dessa forma cada ação que é cumprida deixa o bolo cada vez mais próximo de se tornar real. O mesmo se dá com qualquer visão à qual nos propomos: o objetivo final dependerá de seguir os passos até ele. As ações objetivas são excelentes para nos impulsionar porque nos colocam, claramente, mais próximos de cada objetivo. Todos os nossos objetivos são sequências de pensamentos, sentimentos e ações orientadas a resultados específicos, se a visão for clara.

> Para conseguir conquistar alguma coisa, é preciso seguir uma série de passos, ações concretas que nos deixam cada vez mais próximos de onde queremos chegar.

Alguns autores classificam objetivo como o resultado final de um conjunto de metas. Outros definem a meta final como composta por objetivos ao longo do caminho. Nada mais é do que uma questão semântica. O importante aqui é o sentido de visões, que extrapola os conceitos de metas e objetivos, que não têm força na mente em curto prazo, uma vez que sua efetividade se baseia principalmente em teorias da década de 1970 – ou seja, elas não fazem parte da relação dinâmica de realidade hoje, do grande fluxo de informação que consumimos, da característica multitarefa que se tornou um requisito básico para qualquer profissional, dos três períodos diários de trabalho e produtividade que mantemos, da interação econômica mundial, da geração Y, a representatividade construída pela internet, enfim, todo o espírito de época do século XXI, que muda todas as reações e os julgamentos que serão exigidos de nosso cérebro. As visões são importantes para nos orientar em resultados em longo prazo e, quanto mais específicas, mais vão gerar manutenção de foco. A manutenção do foco é diferente do foco em si, que diz respeito a não perder algo de vista, já manter o foco é se proteger dos assédios dinâmicos de uma vida moderna, o que não é uma tarefa fácil.

Como veremos a seguir, vou trabalhar neste capítulo com três tipos de visão, que devem ser encaradas como algo em longo prazo. Metas em longo prazo são facilmente modificadas, uma vez que as condições da vida podem mudar. Por exemplo, se você tem a meta de comprar um apartamento e recebe uma ótima proposta de trabalho no exterior, seu contexto muda em uma fração de segundo. Controlamos a escolha do momento, mas não as consequências. Essas são as críticas atuais relacionadas a objetivos e metas em longo prazo. Por esse motivo, as empresas trabalham com visões a partir do planejamento estratégico, porque tudo pode mudar desde que nos orientemos para certa direção. As visões são, portanto, essa direção.

Imagine que uma nova filial da organização em que você trabalha está se constituindo e ficará em outro estado, e você já foi comunicado que existe a possibilidade de haver vagas ali, e elas lhe interessam. A visão sobre isso seria escrever o objetivo de "conseguir a vaga de supervisor de logística no processo de realocação de colaboradores entre 10 de janeiro e 30 de março, ganhando entre 40% e 45% a mais do que agora, com ajuda de custo para a mudança de estado, a partir da avaliação das minhas competências". Parece complicado, mas não é, pois a ação de montar sua visão dessa mudança de vida impõe uma direção – mesmo que a mudança tenha ainda um ano para ocorrer. De modo natural, na sua mente você começará a trabalhar ações de curto prazo dirigidas a uma visão específica. É claro que as coisas mudam, pode acontecer de você não ser promovido a supervisor, e sim a gerente. Ou vá para outro departamento que não o de logística, contudo, a visão orienta naturalmente para o resultado: estar na nova filial com uma nova vida.

Vamos supor que eu esteja indo para Porto Alegre em determinada janela de horário, entre doze e catorze horas da sexta-feira do dia dezessete porque tenho uma reunião marcada. Para me planejar, saindo de São Paulo, pensei em passar por Florianópolis e ficar ali dois dias, mas isso faz parte do caminho para meu destino final. Toda a operação mental ao definir essa visão final exige cumprir etapas no meio do caminho, por onde vou passar, onde será a parada para o almoço etc. A visão é chegar lá, entretanto, há o elemento do caminho, existem pequenas metas ali: almoço em Registro, durmo em Curitiba, almoço em Florianópolis e lá passo dois dias, e chego a Porto Alegre no dia anterior à reunião para dormir tranquilo. Contudo, ao sair de São Paulo, vejo que houve um acidente na serra, que me faz ficar seis horas na estrada e almoçar no carro. Dormir em Curitiba já não é possível, terei de seguir dirigindo. Chegando a Florianópolis, encontro trânsito na entrada na ilha, perdendo mais três horas adicionais, o que me deixa mais cansado, tornando os desejos de conhecer lugares no dia seguinte secundários. Perceba que as metas do meio do caminho foram modificadas. Florianópolis seria um lugar de passeio, no entanto terminou sendo de descanso – a visão final está lidando com as trocas de objetivos ao longo do caminho, sem permitir a desmotivação, pois estou aprisionado numa visão, chegar a Porto Alegre. Então, não importa a troca de objetivos e metas em curto prazo, a flexibilização dessas metas de acordo com os desafios que o ambiente nos lança, e sim manter a visão.

> A visualização também pode ser utilizada em projetos de médio prazo, pois não estamos propondo que você coloque metas no dia e tente vivê-lo de acordo com um cronograma minuto a minuto.

A visualização também pode ser utilizada em projetos de médio prazo, pois não estamos propondo que você coloque metas no dia e tente vivê-lo de acordo com um cronograma minuto a minuto – afinal poucos profissionais conseguem passar por um dia inteiro de trabalho sem surpresas ou interrupções –, e sim que você visualize o que precisa ser feito, tirando suas tarefas do emaranhado da urgência e apresentando-as esquematizadas para o julgamento do córtex, uma vez que ele já funciona naturalmente estruturando as decisões. Assim como os soldados da marinha norte-americana, tente recortá-las em tiros curtos. Faça blocos de vinte minutos de excelência e eficiência. Pequenos projetos com fim, tiros curtos de foco total. Se o projeto é imenso, como uma apresentação de sessenta *slides*, proponha-se a fazer cinco *slides* em vinte minutos, quebre o projeto grande em pequenas etapas – assim sentirá que está tendo conquistas enquanto desenvolve o que precisa. Pouco a pouco, você notará que sua mente vai cansar menos. Em pouco tempo, estará conseguindo controlar sua concentração e seu tempo vai render muito mais. O mesmo método é visto no treinamento dos *mariners* e no tratamento de quem tem transtorno de atenção ou hiperatividade, a criança que tem TDAH (Transtorno de Déficit de Atenção e Hiperatividade) não pode receber uma ordem ampla como "Vá bem na escola!", ela precisa ter suas tarefas divididas em pequenas premiações, como ganhar dinheiro para ir ao cinema ao terminar um trabalho escolar.

Quando fiz o trabalho do Ministério da Educação e Cultura, 22 pensadores de empreendedorismo falaram de maneiras similares na importância da visão para nos orientarmos de forma empreendedora. Os três conceitos de visão de David McClelland se dividem em arquetípica (o que dirige nossa vida, para onde queremos que ela se oriente), futura (marcos pelo caminho por até três anos à frente) e sistêmica (quais objetivos ou metas precisaremos cumprir no curto prazo, conhecidos como planos de ação, que veremos em detalhes no capítulo 6). Para que elas sejam efetivas, é preciso apreendê-las conceitualmente uma de cada vez. A primeira corresponde a objetivos e metas – os planos de ação (até no máximo um ano). Explicarei cada uma delas em detalhes.

A missão pessoal

Nesse momento, é importante identificar nossos valores. Para isso, escolha dez da lista das duas páginas seguintes. O que é mais importante para você?

Desses dez que você escolheu, priorize até cinco (o ideal é de três a cinco). Esse exercício é importante porque a partir dele você estabelece a consciência concreta daquilo que alicerça sua trajetória de vida. Uma vez consciente dos principais valores que devem reger sua trajetória, é hora de entrar na missão pessoal.

Humor	Participação	Emoções fortes	Marcar	Sensualidade
Liderança	Performance	Especulação	Predominar	Brincar
Ser ativo	Colaboração	Ousadia	Descobrir	Ser parte da comunidade
Sucesso	Comunidade	Busca	Perceber	Nutrir
Aventura	Poder pessoal	Ter gosto refinado	Realizar	Sensibilidade
Apreciação	Liberdade de escolha	Tocar	Sentir	Pressão
Ser direto	Sentir-se conectado	Treinar	Sentir-se bem	Aceitação
Ser conhecido	Camaradagem	Encorajar	Liderar	Devotar-se
Estética	Leveza	Alterar	Excitar	Ser apaixonado
Associar-se	Espiritualidade	Prover	Governar	Educar
Produtividade	Ter poder	Desenhar	Ser um mestre	Preparar
Servir	Completa autoexpressão	Ser imaginativo	Ser superior	Vencer
Contribuição	Entusiasmo	Planejar	Ultrapassar	Conquistar
Excelência	Ter impacto	Montar	Divertir-se	Triunfar
Espírito livre	Dar poder aos outros	Inspirar	Entreter-se	Sem pressão
Saúde	Iniciar	Detectar	Relacionar-se	Tradição
Foco	Estimular	Compreender	Unir	O desconhecido
Romance	Aumentar	Observar	Integrar-se	Encorajar

Reconhecimento	Facilitar	Brilhar	Empatia	Ser o melhor
Harmonia	Criar	Intuir	Visão	Paixão
Experimentar	Sintetizar	Causar	Relação com Deus	Desafios
Ser catalisador	Conceber	Reinar	Honrar	Iluminar
Motivar	Aperfeiçoar	Modelar	Ensinar	Ser um expert
Ensinar	Integridade	Dominar sua área	Informar	Ser genuíno
Influenciar	Criatividade	Ser o maior	Explicar	Confiança
Melhorar	Independência	Dar prazer	Conseguir	Religiosidade
Reforçar	Dar apoio	Experimentar alegria	Derrotar	Instruir
Ajudar	Carinho	Apreciar esportes	Atrair	Diversão
Inventar	Alegria	Ser parte da família	Aprender	
Ser original	Beleza	Ligar-se a	Localizar	
Construir	Autenticidade	Viver o presente	Discernir	
Realização	Riscos	Compaixão	Emocionar-se	
Ordem	Paz	Ter consciência	Sentir-se energético	
Honestidade	Elegância	Ser sagrado	Guiar	
Estar certo	Vitalidade	Prevalecer	Persuadir	
Crescimento	Perigo	Superar-se	Ser o primeiro	

É muito importante que você construa essa missão, pois representa a razão da sua existência, o que vamos chamar de missão pessoal. Isso posiciona você para um propósito de vida, uma vez que nela é preciso apontar os pontos-chave que são importantes para você. Ela é aquilo que você quer ter realizado, quando olhar para trás daqui muitos anos e dizer: "Minha vida passou pelas coisas que valem a pena". Embora pareça algo simples, pela minha experiência, o trabalho se revela não tão fácil quanto parece. Ele tem um fator de dificuldade que é importante: sua missão precisa caber em, no máximo, seis linhas.

Para conseguir chegar a uma missão sucinta e representativa, comece listando aquilo que é importante, sem reprimir nada: pode ser dinheiro, ou velejar, ter uma relação com Deus, criar uma família, ter saúde, ser bonito, ser intelectual, o que sua alma pedir e também aquilo que mais faz sentido para você. Vá cortando e refinando o que aparecer e a partir disso procure escrever em seis linhas suas prioridades para viver.

Um exemplo de missão pessoal pode ser: "Desfrutar da vida, contribuir com o desenvolvimento da humanidade, criar meus filhos, estruturar minha família, diminuir meus conflitos e praticar esportes, com saúde e estabilidade financeira".

Como você deve ter imaginado, essa é a minha missão pessoal – como autor, acho melhor expor a mim mesmo do que aos participantes dos processos de desenvolvimento e atendimentos que faço, afinal a missão é algo muito íntimo. Até chegar a essa frase, precisei mergulhar no que realmente era importante para mim e traduzir minhas prioridades. Isso exige bastante bom senso e um olhar realista sobre si mesmo. Por exemplo, eu me dei conta de que gosto de usufruir das regalias da vida, ficar num bom hotel, tomar um bom vinho, gosto de luxo e até de requinte, então aproveitar essas coisas

> É muito importante que você construa essa missão, pois ela representa a razão da sua existência, o que vamos chamar de missão pessoal. Isso posiciona você para um propósito de vida, pois nela é preciso apontar os pontos-chave que são importantes para você.

precisava estar na minha missão pessoal, mesmo se não parecer algo tão desprendido ou espiritualizado. A missão não é um pôster de propaganda sobre você, não atende à imagem, mas estrutura o que precisa existir para lhe fazer feliz e realizado. Eu não tenho, por exemplo, a ânsia de acumular muito dinheiro, prefiro usufruí-lo com coisas prazerosas com minha família. A segunda coisa é a minha capacidade de fazer diferença quando lido com as pessoas, pois quero compartilhar e contribuir – talvez seja isso que justifique meus livros, todo o meu trabalho concentrado no desenvolvimento humano.

Em seguida, listei criar meus filhos, pois independentemente de ser CEO, presidente ocupado, procuro priorizar fins de semana com minha família. Mesmo, às vezes, viajando cinco dias por semana, procuro conversar com eles e dar as broncas que um pai precisa dar, orientar e exercer minha função paterna, porque sei quanto isso será importante para a formação deles na fase adulta. Então, eu me esforço para não "terceirizá-los" só para a mãe, os tios e os professores, também não quero compensar minha ausência com presentes, quero criá-los mesmo não estando em casa todo o tempo que gostaria, assim eles precisam ser parte da minha missão.

O mesmo se dá com estruturar a família: sempre tentamos lidar com um problema, uma situação mal resolvida tirando isso do segredo, algo que aprendi com um grande guru, Jim Collins: "Confrontação dos fatos brutais". Enquanto escrevia este livro, cheguei um dia em casa às onze horas da noite e senti que estavam todos entristecidos pois eu não havia comparecido a uma apresentação de meus filhos. Chamei todo mundo e dividi meus sentimentos e minhas prioridades e queria ouvi-los. Para que a estrutura familiar se mantenha fluente e não recortada, dada a minha escala de prioridades como ser humano, preciso sempre trabalhar constantemente.

Contudo, só se pode construir a missão pessoal se priorizamos nossos valores. A fim de diminuir meus conflitos, faço terapia há dezesseis anos, isso me ajuda a lidar com situações emocionais e a não colocar meus registros do passado na mente de outras pessoas que atendo. É o momento em que posso compartilhar com alguém os sofrimentos pessoais e emocionais que todos temos. Organizo minhas emoções por meio do diálogo e da exposição, e meu cérebro deixa de misturar estímulos para poder lidar com eles. Também pratico esportes todos os dias, independentemente do horário. Às vezes, durante uma viagem, outras, correndo, outras ainda treinando na academia de casa, mas no mínimo cinco a seis vezes por semana preciso da atividade física, isso é uma necessidade intrínseca minha, sem ela a vida perde parte da cor, não fico bem. Para mim é importante possuir saúde, uma vez que sem ela não se pode aproveitar o resto daquilo que é valioso, por isso invisto também tempo e atenção com check-up uma vez por ano, tanto do coração quanto da fisiologia, para que eu possa monitorar como anda minha saúde do corpo, e não só a mental. Por fim, vem a estabilidade financeira: trabalhar para sempre manter um volume financeiro guardado, para que dificuldades com dinheiro não atropelem minha vida trazendo ansiedades, e assim me permita ser mais estável. Isso busco com planos de previdência e organizando minhas finanças e as da minha empresa.

Um exemplo de missão profissional pode ser um pouco menor, tendo de três a cinco linhas: "Desenvolver a prosperidade empresarial e pessoal por meio de processos orientados para resultados, potencializando as realizações".

Atuo há mais de vinte anos preparando presidentes, CEOs e empresários. Já passaram por mim mais de 1.500 deles em processos terapêuticos grupais, e minha orientação é trabalhar para que essas pessoas equilibrem três aspectos da vida: relações afetivas, saúde mental (redução do conflito interno do indivíduo consigo mesmo), saúde psíquica (redução de predisposições patológicas como síndrome do pânico, depressão, adições, impulsividades sexuais e de aquisição entre outras) e o nível de prosperidade (quanto as escolhas se revelarão saudáveis e funcionais e não disfuncionais). Estou sempre orientando e contribuindo para que resultados mensuráveis se apresentem nesses aspectos de vida daqueles que atendo. Todo o treinamento que minha empresa desenvolve busca trabalhar a mente para depois o "como" – a prática de gestão e, depois disso, aplicabilidades concretas. Potencializar o que é importante para o indivíduo, e não somente para a sociedade da qual ele faz parte, é o que traduz minha missão profissional.

Procurei tomar a liberdade que me cabe como autor usando a mim mesmo como exemplo, não no sentido de inflar o ego ou emprestar meu potencial, e espero não ter incomodado o leitor, mas de dividir com você uma parcela de minha vida para que relacione meu raciocínio com o que vai montar. Agora é a sua vez:

MISSÃO PESSOAL

_____
_____
_____
_____

MISSÃO PROFISSIONAL

_____
_____
_____
_____

VISÃO ARQUETÍPICA – O DESTINO FINAL

Agora, sim, estamos prontos para desenhar a visão arquetípica, que é como quando perguntamos para uma criança: "O que você quer ser quando crescer?", representa a soma de visões pessoais em longo prazo, suas crenças e sua missão na vida, aquilo que representa você, aquilo que será importante para você em aspectos como a vida pessoal, familiar, profissional, formação e desenvolvimento, lazer e saúde e finanças.

A visão arquetípica é o ponto de chegada, onde tudo vai terminar. Arquétipo, segundo David McClelland, é a qualidade de projetar no futuro realizações importantes e específicas, então não é apenas "ter um apartamento", mas ter o lar com que você sempre sonhou, com cada detalhe. Possuir uma visão arquetípica nítida é saber o que esperamos para o futuro, conhecer aquilo que devemos buscar. Para tomar consciência dessa visão, é necessário algum autoconhecimento obtido a partir do exercício que fizemos com os valores, a missão pessoal e a missão profissional.

O mais importante de enfatizar sobre visão arquetípica é que ela não é um sonho! Está voltada ao que é importante para você, não ao que você idealiza ter. Certa vez eu estava trabalhando com um participante de um dos grupos terapêuticos que disse: "Quero ter 1 milhão de dólares e morar em um barraquinho na praia", e isso me fez perguntar: "Então para que um milhão de dólares?". A visão não pode ser influenciada por mais ninguém que não nós mesmos, nem pelos pais, por nossos amigos e pelas referências que não são nossas. Posso dizer que tenho o sonho de possuir um helicóptero para andar por São Paulo sem pegar congestionamento, mas estou disposto a trabalhar o tanto necessário para comprar e sustentar um helicóptero? Não é uma questão de imagem externa, mas de saber o que é importante na vida. Ela deve ser projetada muitos anos à frente: quinze, vinte anos. Como você imagina que estará. Mais do que realidade interna, ela se apoia em uma realidade objetiva: o que eu entendo sobre a minha autoimagem e a minha autoestima, o que eu seria capaz de construir e realmente é importante para mim. Ela não tem um prazo estabelecido, mas um parâmetro de fase de vida. Procure se imaginar nesse período.

> O mais importante de enfatizar sobre visão arquetípica é que ela não é um sonho! Está voltada ao que é importante para você, não ao que você idealiza ter.

Construa sua visão arquetípica

(Trabalhe apenas com verbos de ação no infinitivo)

Aqui estão alguns exemplos de outras pessoas que explicitam modelos de visão arquetípica:

1 – Vida pessoal (até os 55 anos)
• Graduar-me em Economia.
• Concluir doutorado em Administração.
• Possuir de 17% a 25% de gordura corporal.
• Concluir entre um a dois MBAs.
• Dormir de seis a sete horas por dia.
• Deixar de trabalhar às sextas-feiras e ter todos os fins de semana livres.

2 – Vida familiar

- Constituir uma família com dois filhos.
- Morar com minha família por um ano no exterior – em Londres ou Paris.
- Casar entre 35 e 40 anos.
- Educar meus filhos até a faculdade.
- Desenvolver a autonomia dos filhos para que eles não dependam de mim na fase adulta.
- Ser uma mãe/ pai presente no cotidiano dos meus filhos.
- Manter o vínculo amoroso com minha esposa(meu marido).
- Ter um apartamento entre 115 m² e 140 m² com três dormitórios.

3 – Vida profissional

- Trabalhar por no mínimo um ano em quatro multinacionais.
- Receber um prêmio por representatividade ao coordenar um projeto grandioso em uma dessas empresas.
- Ser um diretor executivo assediado pelo mercado de trabalho pelo menos uma vez por ano.
- Ganhar de 20 mil a 35 mil reais por mês.

4 – Formação

- Falar inglês entre nota 7 e 8 (de 10).
- Falar francês entre nota 7 e 8 (de 10).
- Ser reconhecido como especialista na área da Psicologia Econômica.
- Fazer parte de uma entidade acadêmica como professor convidado.
- Cursar duas faculdades.
- Obter um título de doutorado.

Observação: tanto na vida pessoal quanto na formação pode haver aspectos relacionados à formação acadêmica.

5 – Lazer e saúde
• Praticar ciclismo de três a cinco vezes por mês.
• Praticar esportes variados entre cinquenta minutos e uma hora, no mínimo três vezes por semana.
• Monitorar a cada dois anos minha saúde fisiológica por meio de check-ups.
• Ter um médico familiar de confiança.
• Viajar uma vez a cada dois anos para o exterior por períodos de duas a três semanas.
• Viajar duas vezes ao ano de sete a dez dias conhecendo destinos turísticos no Brasil.
• Levar toda a minha família a cada dois anos para uma experiência marcante como esquiar, mergulhar, velejar.
• Mergulhar em estações internacionais duas vezes ao ano.
• Fazer um curso de fotografia profissional para as minhas viagens.

6 – Finanças
• Economizar de 1.200 a 1.500 reais todo mês.
• Guardar anualmente 100 mil reais (poupado por rendimentos variáveis).
• Possuir três imóveis alugados entre 50 m² e 75 m², no valor de 1.500 a 1.750 reais por mês.
• Trocar de carro a cada quatro anos.
• Poupar 1,5 milhão de dólares.

Agora é sua vez, tome um tempo para pensar nisso, e boa sorte para montar sua visão arquetípica. Lembre-se de que ela não significa apenas uma situação profissional ou dinheiro, mas o estilo de vida que representa o que pede a sua alma, o dia a dia que faz você feliz e que elementos permitem isso.

A VISÃO FUTURA

A partir de agora, observando os arquétipos da sua vida e que o seu futuro já possui uma orientação a partir de dados mais palpáveis, é hora de trazer para os próximos dois a três anos a segunda visão postulada nas teorias de McClelland. As visões futuras se diferem da arquetípica, porque ela representa nosso destino, aquilo que é importante para nós, enquanto a visão futura está concentrada em curto e médio prazos. O primeiro ano, o segundo ano, e o terceiro. Tanto na vida pessoal quando na profissional, ela expressa o que precisa acontecer, se difere de metas e objetivos no sentido de que eles podem mudar, a visão é um marco de conquista.

A visão futura compõe o conjunto das etapas que precisam ser cumpridas para que você chegue à arquetípica. Quais são as visões do próximo ano, e dos próximos três, para conseguir chegar aonde você quer estar?

Uma coisa curiosa é que a visão futura pode não contemplar a arquetípica, porque às vezes esta ainda está realmente longe (em um período de quinze anos, passamos, em média, por cinco ciclos de visão futura). As prioridades momentâneas são de preparação para que a arquetípica eventualmente aconteça. Pode ser que o primeiro passo para ter uma chácara com uma metragem específica da visão arquetípica até possa entrar no terceiro ano da visão futura (como guardar o dinheiro para a entrada ou comprar o terreno), mas não necessariamente toda a visão futura completa a arquetípica.

A visão futura é um quadro dinâmico, cujos detalhes podem ser alterados, mas sempre com foco na visão final. Enquanto a visão arquetípica não tem exatamente um prazo para se firmar, a futura possui datas e prazos bem estabelecidos. A visão futura é algo preciso. Por exemplo, se quero dar entrada em um apartamento daqui a três anos, preciso pensar quanto vou guardar nesse primeiro ano, depois no segundo e no terceiro. Se quero estar em uma grande empresa, no cargo de gerente no terceiro ano, preciso pensar no meu aperfeiçoamento de inglês no segundo ano, nas qualificações que preciso ter – e naquilo que preciso começar a estudar já no primeiro ano. As visões futuras integram as demais visões.

A melhor forma para montá-las é usar os três elementos que aprendemos, relembrando:

Verbo no infinitivo + parâmetro de prazo + parâmetros de quantificação.

Um dos exercícios que sugiro é abrir três folhas ao mesmo tempo. Quem já pegou prática pode ir direto para a técnica de montagem aprendida e desenvolver suas visões. Quem ainda precisa elaborar mais as visões antes de formatá-las pode fazer rascunhos do primeiro, segundo e terceiro anos. Alguns se sentem mais confortáveis fazendo-as de trás para frente – começando no terceiro ano e a partir daí deixar a mente naturalmente trabalhar para aquilo que precisa acontecer antes. Nessa hora muita coisa de um ano se mostra como necessidade de outro, e assim você vai notar claramente a ordem dos acontecimentos. É algo trabalhado de maneira integrada, estruturada. Essas visões serão divididas nas áreas pessoal e profissional.

Faça um *autobrainstorming* com aquilo que precisa acontecer. Para ser ainda mais didático, tenho um exemplo que representa muito bem o que estou propondo aqui: sou da época em que ainda se podia soltar balão e, na cidade de Franco da Rocha, há 34 anos, aprendi a fazer grandes balões com meu primo e com amigos baloeiros. Aos 15 anos, eu já tinha habilidade para fazer as tochas desses grandes balões e com o tempo fui aprendendo que, quanto maior fosse o balão, mais precisávamos acertar a colocação do breu – a parte mais dura que ficava no centro da tocha para que ela pegasse fogo mais rapidamente e aquecesse o resto, enquanto as lascas iam diminuindo em direção às bordas. Isso era feito de forma que na última camada o breu era ralado com um ralador de queijo e misturado com cera de piso. Uso essa metáfora porque começar a escrever sobre nosso futuro não é uma prática comum, é importante sentir o mesmo fenômeno de quando fazíamos os balões. Ele era posicionado no chão, as pessoas puxavam os lados do balão e colocava-se fogo na tocha. O ar quente vai inflando o balão até que ele fica todo cheio apoiado no chão, contudo, só quando atinge realmente o breu na metade inferior é que ele levanta voo. O que quero dizer com isso é que, no início do exercício de escrever, acendemos a tocha, mas quanto mais continuamos trabalhando e associando, mais perto chegamos do breu consistente, das ideias produzidas pelo julgamento e análise intensa do córtex e processos do sistema límbico. Emoções começam a ser acessadas e a vontade de escrever mais e ir mais fundo nas visões surge naturalmente, como uma tocha de balão. Portanto, é difícil começar, mas será difícil parar, acredite em mim.

Para vencer a primeira resistência, vá para um lugar calmo, não faça o exercício dentro da empresa ou enquanto houver gente em casa, pois as demandas do cotidiano podem inibir a capacidade associativa da mente. O cérebro é interrompido nas suas organizações. Procure se retirar a um ambiente onde você possa se concentrar de uma a duas horas. Energize-se tomando um café e coloque-se por inteiro na tarefa de construir suas visões futuras. No primeiro momento, jogue todas as ideias, em *brainstorming*, posteriormente traduza o rascunho para técnica. Escrever direto com a técnica pode ser complicado, pois o cérebro se preocupa demais com a estrutura da frase no momento de escrever e interrompe a cadeia associativa. Uma vez construído o rascunho, coloque outra data da agenda para traduzi-lo e estruturá-lo.

VISÃO FUTURA

PESSOAL (verbo de ação no infinitivo)

1º ANO DE 1º DE JANEIRO A 15 DE DEZEMBRO

REFORMAR A SALA NO MODELO QUE VI NA FEIRA DE MÓVEIS DE EMBU DAS ARTES, GASTANDO DE 5 MIL REAIS A 6 MIL REAIS (VARIÂNCIA MÁXIMA DE 25%) DE 10 DE JANEIRO A 15 DE MARÇO

COMEÇAR UM CURSO DE INGLÊS, DUAS VEZES POR SEMANA COM O PREÇO ENTRE 300 REAIS E 375 REAIS POR MÊS DE 10 DE JANEIRO A 10 DE FEVEREIRO.

VIAJAR COM MEU MARIDO PARA SALVADOR, GASTANDO ENTRE 4 MIL REAIS E +5 MIL – DE 4 DE JULHO A 20 DE SETEMBRO.

_____

_____ ✓

_____

_____

(Quanto mais espaço, melhor)

Um ano, dois anos, três anos para Pessoal

Um ano, dois anos, três anos para Profissional em listas diferentes (folhas separadas)

Em geral, a visão futura do primeiro ano costuma ter de quinze a vinte frases, ou até mais, enquanto no segundo e terceiro ano esses números caem para uma média de dez frases, uma vez que elas passam a depender do que foi atingido nos anos anteriores. Não se esqueça de repetir essa tarefa em visões futuras profissionais. Em folhas separadas, pois cada coisa é completamente diferente da outra. Esse dispositivo vai traduzir como funciona sua mente, então algumas listas serão mais ordenadas, mostrando características próprias dos mais obsessivos, ao passo que outros farão a lista por tópicos bem resumidos. Não importa, o que interessa é manter esse dispositivo terapêutico para que você note se sua mente é ordenada ou mais flexível, por exemplo. Ou se sua lista fica maior na vida profissional ou na pessoal; o que está pedindo mais mudanças? Alguns vão carregar mais na visão profissional do que na pessoal, ou o contrário. Isso significa que algum lado da sua vida está pendendo mais. Vamos falar disso nos próximos capítulos.

Até agora vimos dois tipos de visão: a terceira, a sistêmica, será trabalhada no capítulo "Mapas de percurso", pois ela entra nos planos de ação com apenas um ano de duração, quando a técnica de trabalho vai se aprofundar um pouco mais. É a partir desses fluxos e planejamentos que o córtex pré-frontal passa a estruturar o futuro e administrar um pouco melhor a ansiedade e a impulsividade causadas pelas sensações de ameaça da amígdala e do sistema límbico, organizando nossas ambições, nossos desejos e nossos sonhos, com mais pragmatismo e objetividade. Isso leva ao condicionamento de um cérebro mais orientado para o resultado.

Resumo

- Para abrir novas sinapses e ter alta performance, é preciso trabalhar cinco processos principais:
  1. conexão e aceitação;
  2. autonomia e desempenho;
  3. auto-orientação;
  4. limites realistas e autoexpressão;
  5. espontaneidade e prazer.
- Em situações de dificuldade, utilize as quatro técnicas de resistência mental:
  1. estabelecimento de metas de curto prazo;
  2. construção de cenários mentais (visualização)/ensaio mental;
  3. diálogo interno;
  4. controle da excitação pela respiração.
- Em nosso cérebro, a repetição faz com que os impulsos corretos sejam enviados ao resto do corpo.
- Visualizar ajuda a organizar o córtex pré-frontal para suas ações executivas: planejamento, monitoramento de metas. Enquanto ele não atua olhando as prioridades, o que temos para fazer fica em curto circuito.
- Escrever os objetivos é essencial, mas eles precisam ser estruturados com janela de tempo e quantidade.
- A visão, segundo David McClelland, divide-se em **arquetípica** (o que dirige nossa vida, para onde queremos que ela se oriente), **futura** (marcos pelo caminho por até três anos à frente) e **sistêmica** (quais objetivos ou metas precisaremos cumprir no curto prazo, conhecidos como planos de ação).

4 Desafios

O medo é a matéria-prima da atenção.

A palavra desafio tem diferentes significados. Um deles, óbvio, é a ação de desafiar. Outro, provocação, é um pouco mais jocoso e envolve situações mais simples e banais, como uma pessoa duvidar que a outra faça algo – algo que nesse contexto não nos interessa. Quando penso em desafios, logo me vem à mente um treinamento do qual participei em que uma das atividades me chamou muito a atenção.

O instrutor, em vez de falar durante horas e lançar milhares de informações para quem estava assistindo – o que pode virar um marasmo –, convidou um participante para que fosse à frente da sala para uma dinâmica consideravelmente simples, que teve um efeito quase instantâneo. Ele pediu para esse participante tentar levantar uma cadeira. Assim, sem rodeios ou floreios.

O participante segurou a cadeira e a levantou. Imediatamente o instrutor lhe disse: "Tenta". Ele repete o mesmo processo, levantando a cadeira sem maiores dificuldades. O instrutor, respondendo ao voluntário disse: "Eu não me fiz entender. Estou dizendo para apenas tentar levantar a cadeira".

Nesse momento o instrutor perguntou ao participante: "E o que é isso que você está fazendo?". A resposta ficou clara para todos que estavam ali: tentar é não fazer nada. Tentar é a maneira mais elegante e clássica que um adulto encontra para escapar de um desafio. É uma desculpa instantânea em caso de falha. Tentar é o prêmio de consolação de todos nós. A maneira mais fácil de se eximir de qualquer culpa. "Pelo menos eu tentei", afinal de contas, nem sempre se consegue cumprir algo. Um desafio é uma competição, e uma competição só é possível quando existe a possibilidade de aquilo não acontecer. De dar errado. Um desafio verdadeiro causa insegurança, faz pensar: "Eu não vou conseguir". É necessário apreensão. O primeiro equilíbrio estabelecido por nós é sair de uma situação que cause medo para preservar a espécie. É necessário compreender que desafios são necessários à evolução.

Uma vez, na véspera da Páscoa, eu havia me atrasado para uma das minhas aulas de graduação. A professora, é claro, não deixou barato:

— Senta aí, sabe-tudo. E me responda: Moisés levantou o cajado ou saiu andando?

— Não entendi.

— Moisés, quando chegou diante do mar, levantou o cajado ou saiu andando?

— Claro que ele levantou um cajado. É um símbolo de poder.

— Peguei você! Moisés saiu andando. O caminhante faz o caminho. Ele não pegou o poder sobre o mar e disse: "Abre-te, Sésamo!". Teve fé e saiu andando pelo meio do mar. E assim o mar se abriu.

E aí está outra lição importante sobre desafios, se ficarmos pensando que o mar vai nos engolir, não faremos nada, jamais caminharemos. O cérebro não estabelecerá novas conexões operacionais, levando-nos para a frente. Não vai construir na intenção essas operações. Antonio Machado, em seu famoso poema, já diz para todos nós "Caminhante, não há caminho, faz-se caminho ao andar", fazemos o caminho a partir das ações, com toda certeza. Poderíamos pensar que um homem de fé, diante das dificuldades, continua caminhando e acredita que vai chegar a algum lugar. Sem alvo, porém, não existe caminho nem caminhante, não há fé que sustente uma jornada sem destino. Agora pense, qual é seu alvo? Apenas depois de localizá-lo as coisas vão começar a acontecer. Olhar o que se quer, o que se deseja, não pode ser uma tarefa. Ninguém se envolve emocionalmente com uma tarefa. Ela não é, de maneira nenhuma, um desafio.

Voltando ao primeiro exemplo, o instrutor decide mudar a brincadeira da cadeira.

— Levante a cadeira.
— Em qual altura? – pergunta o aluno.
— Dez centímetros.
— Mais! Meio metro, um metro! – respondem os outros, querendo aumentar o nível do desafio.

Acordaram, portanto, em um metro. E o instrutor pediu que ele a levantasse um metro para que pudesse estabelecer a referência a fim de que todos vissem. A partir disso, o instrutor perguntou:

— E quantas vezes? – Os números foram variados, mas sempre aumentando as repetições.

— Vinte a 25?

A partir disso o número de repetições aumentou, mas aquela ainda era uma tarefa simples. Até então, representava apenas uma referência de algo que pode ser cumprido. Faltava, porém, um detalhe: em quanto tempo? O prazo.

A sala responde:
— Em 25 segundos.

A partir disso, o tentar virou uma tarefa – levantar a cadeira – e foi se tornando um desafio à medida que a altura em relação ao número de vezes e ao tempo imprimia esse fator desafiador.

Antes mesmo que o participante pudesse reclamar, a sala começou a fazer uma contagem regressiva em uníssono. Ali teve início um objetivo – um alvo – com desafio. Podemos chamar de desafio quando alguma coisa consegue causar tensão emocional o suficiente para

> Poderíamos pensar que um homem de fé, diante das dificuldades, continua caminhando e acredita que vai chegar a algum lugar. Sem alvo, porém, não existe caminho nem caminhante, não há fé que sustente uma jornada sem destino.

construir novas sinapses e caminhos dentro de nós. O medo é a matéria-prima da atenção, e no momento do desafio não se sente prazer nenhum, ele só virá, com toda a força, quando tudo estiver cumprido. Ele vem como uma sensação fisiológica que é percebida por causa de uma substância liberada imediatamente a partir da reação do cérebro por todo o corpo, a noradrenalina, e a sensação de satisfação será sentida após a realização da tarefa. Quando o participante foi desafiado pelo instrutor e pela sala, seu prêmio final, se ele fosse bem-sucedido, seriam três livros desse instrutor. Isso ativou o circuito do prazer e a resposta do núcleo accumbens, que, como já foi dito, promove nossas maiores motivações ao fazer com que o cérebro imprima um desejo de repetir essa ação depois de sentir seus benefícios, afinal somos evolutivamente orientados para reproduzir situações de prazer, ou seja, os prêmios que a vida tem para nos oferecer.

Essa sensação vitoriosa aparecerá no final, junto com a conclusão da atividade desafiadora, levantar a cadeira acima de um metro, 20 a 25 vezes, de 20 a 25 segundos. Ela será registrada pelo núcleo accumbens como algo que deve ser repetido, uma sensação que precisa ser experimentada várias vezes – como isso lhe fez bem, a percepção que o corpo tem é a de que isso perpetua a espécie.

Falando em circuito do prazer, é válido nos estendermos um pouco mais em um neurotransmissor específico, intimamente ligado a esse circuito e à nossa sensação de conquista: a dopamina. Essa substância estimula o cérebro para várias atividades, sendo conhecida como a substância da expectativa e do prazer. O cérebro libera dopamina em diversas situações, por exemplo, durante o sexo e a prática de esportes radicais, como *base jump*, esporte em que os participantes saltam de penhascos, pontes, prédios etc. com uso de paraquedas especiais. Esse é um esporte muito perigoso e pode colocar a vida de seus participantes em risco. Quando a pessoa salta, ela tem em média seis segundos para sentir toda a emoção e a adrenalina da queda até abrir o paraquedas – qualquer erro pode ser fatal. Então, você deve estar pensando, como algo tão perigoso pode atrair tanto essas pessoas?

Os seres humanos são motivados pela emoção. Segundo os cientistas, o cérebro já começa a liberar dopamina desde os momentos de preparação, gerando a expectativa. Entretanto, ao mesmo tempo, a amígdala faz sua parte, começando a enviar sinais de medo. O organismo começa a ter as reações características do pânico: tremor nas mãos, suor, ansiedade, sintomas de nervosismo por saber que é uma atividade que pode dar errado. Assim, a pessoa é inundada por uma onda de adrenalina, hormônios e dopamina nos instantes antes do salto. Esse é o ponto alto da excitação.

Simultaneamente, os lobos frontais interferem e fazem com que o participante que deseja saltar se questione se essa é de fato uma boa ideia (são aqueles milésimos de segundo pelos quais todos já passamos antes de a montanha russa descer, quando nos perguntamos "O que estou fazendo aqui mesmo?"). Em meio a essa confusão de sensações contraditórias, medo, prazer e riscos, o corpo estriado, que fica no centro de nosso cérebro, é acionado. É nele que temos a maior concentração de receptores de dopamina e é ele que fará o indivíduo decidir saltar ou não. A opção pela resposta positiva significa que há dopamina chegando ao estriado, que o estímulo por prazer inibiu os demais impulsos e o cérebro entendeu que a recompensa esperada é maior do que a possibilidade de um final desastroso com a execução da atividade. Com essa certeza, mais química do que racional, a pessoa salta.

> Os seres humanos são motivados pela emoção.

Depois de saltar e passar por todo esse conflito neurofisiológico, o praticante começa a se preparar para o próximo desafio, e no caso do *base jump* é a busca por maiores alturas, condições menos favoráveis e riscos ainda maiores – que, quando superados, são inesquecíveis. Embora possa parecer loucura, há uma ótima justificativa para esse comportamento: conforme o cérebro tem contato frequente com o prazer, seja no *base jump* ou em qualquer outra atividade, ele diminui a cada vez a quantidade de dopamina a ser liberada e, para receber doses mais altas, ou seja, mais prazer, é preciso inovar, trazer novos elementos e maior intensidade para o desafio. A novidade funciona como um estimulante da dopamina e potencializa o prazer, gerando um ciclo parecido com o do vício.

O que procuro provar com esse exemplo é que, ao aceitar desafios constantes, estimulando o cérebro para que se movimente a fim de superá-los e assim obter a recompensa esperada, deixamos de ser tarefeiros para nos tornar realizadores e exploramos ao máximo nossa capacidade de produzir resultados para nossa vida e para os demais.

Muitas vezes, isso pode ser transformado por uma mente patológica em um comportamento relacionado à compulsão (a dopamina, afinal, também está associada ao vício), mas no nosso caso estamos longe de almejar uma compulsão por desafios, isso pode ser algo muito comum para alguns empreendedores. O que estamos buscando, ao entender o ciclo do prazer, é o treino cerebral para a convivência com novos desafios, a ciência de trocar o medo pela competência da busca.

Muitas mentes são treinadas a se desafiar por terem passado por experiências que fizeram ligações e registros de desafio, que funcionaram como interferências nas funções neurobioquímicas cerebrais. Adolescentes que praticam esportes radicais, por exemplo, vão crescer para se tornar adultos mais tolerantes à dopamina, sendo assim mais inclinados a riscos e desafios, pois já registraram que essas experiências são positivas, a princípio.

A possibilidade de algo dar errado faz com que exijamos nosso melhor, incentivando-nos em novas conexões de realização diante do desafio. Faz parte do ser humano e é algo necessário para a nossa evolução. Desafiar-se não é cumprir uma tarefa, responder a um comando. É ir mais longe. Mais especificamente, sugiro que um desafio seja exigir 25% a mais do que você pensa que pode fazer. Pense, por exemplo, em um prazo. Agora reduza 25% dele. Ou então pense, por exemplo, em um número e aumente 25%. Isso vai obrigá-lo a aumentar sua produção, sua produtividade, desde que ele seja possível de ser alcançado e, ao mesmo tempo, que haja chance de não acontecer. Nesse momento o cérebro aprende muito, fica mais concentrado e mais rápido e se prepara, reconhecendo que a recompensa pode vir logo em seguida. O objetivo precisa ser desafiante, e a possibilidade de fracassar necessita ser inerente à escolha.

> Desafiar-se não é cumprir uma tarefa, responder a um comando.

TREINAR O CÓRTEX PARA DESAFIOS

Como já disse aqui, todos os nossos caminhos neurológicos podem ser treinados para melhorar nossas reações e respostas diante das situações.

Um exercício importante, que deve ser praticado à risca, é treinar seu córtex para enfrentar desafios.

Liste dez coisas que você acha que precisam acontecer neste ano – trocar de emprego ou ganhar uma promoção, comprar um carro novo, fazer uma viagem para a Europa. O que você quiser, o que você sentir mesmo que precisa ser feito. Depois de ter a lista pronta, estabeleça um prazo para cada uma dessas coisas acontecerem e monte uma tabela a exemplo do modelo abaixo.

Depois de ter a tabela pronta, reduza o prazo para 25% e faça a seguinte pergunta, olhando para cada item da lista: isso é uma tarefa ou um desafio? Vou conseguir cumprir? Pode dar errado? Ou é um devaneio?

Desafios (coloque em estrutura da orientação para resultados – como no capítulo 3)		
Objetivo (verbo no infinitivo)	Prazo e valor (tempo e quantificação)	Prazo/valor de desafio
Trocar de carro por um modelo superior	Entre 20/2 e 30/6 gastando de 15 mil a 28 mil reais	Entre 20/2 e 30/5 no valor de 15 mil a 24 mil reais
Apresentar um projeto de pesquisa de mestrado	Entre 30/3 e 20/8	Entre 30/3 e 21/7

Ao responder às perguntas do parágrafo anterior, só precisamos tomar cuidado para não entrar na esfera do devaneio. Ao checar que a meta é possível, mas tem chances de fracasso, estamos diante de algo mais desafiante.

Reescreva a tabela diminuindo os prazos e aumentando os indicadores de conquista. Não enverede pelo caminho do sonho, contudo, apimente um pouco mais os objetivos. A questão aqui é fazer com que existam desafios e não tarefas (fáceis demais) ou sonhos (distantes e impossíveis demais). Salgue mais os parâmetros, sem cair na praia das ilusões – é necessário realismo.

REALIDADE INTERNA E REALIDADE OBJETIVA

Ao longo da vida, é possível notar que interagimos sempre com duas realidades: a interna e a objetiva. E para explicá-las é sempre mais fácil usar exemplos práticos. Quando você está imerso na realidade interna, é mais ou menos assim: "Eu vou conseguir, independentemente do que aconteça. Os pormenores não importam, tampouco os processos que enfrentarei durante minha jornada. Preciso apenas acreditar, e com essa fé chegarei aonde quero. Basta seguir em frente, caminhar. Deus quer. Se for para acontecer, vai acontecer – independentemente do que falem. Querer é poder, e eu posso. Eu vou conseguir!"

Ela acontece, basicamente, por meio das idealizações que você possui. Pelas suas crenças, e até por meio de certo comodismo, de suposições que não são confirmadas.

Se aprendermos que podemos superar desafios, passamos a estruturar uma autoimagem baseada em uma capacidade de superação. Passamos a processar a experiência de um problema ou de uma situação mais difícil como a possibilidade de um desafio. Como uma evidência da veracidade de nossas crenças, usamos esses registros de vitória para reconfirmá-las a cada experiência positiva, de tal forma que aquilo em que acreditamos sobre nós mesmos parecerá certo e real. Esse reforço se dá porque no nosso cérebro as percepções, os julgamentos, os desejos, as necessidades, os pensamentos e os sentimentos se constroem em um nível neuronal ao passarmos pela situação. Portanto, os esquemas (tanto os funcionais quanto os disfuncionais, citados no capítulo 2) estão alojados no alicerce do nosso *self*, processando inconscientemente os dados da realidade de maneira que essa interpretação automática se encontrará embutida em nosso funcionamento.

Para Guidano & Liotti, a autoimagem é estruturada pelos esquemas e faz parte de um processo que tem caráter circular, pois, para eles, a seleção de dados da realidade externa, que são coerentes com a autoimagem, obviamente confirma de maneira automática e circular a identidade pessoal percebida, ou seja, só posso sentir que sou se já fui. Assim, se constroem os circuitos neurais. Voltando rapidamente para a abordagem do novo inconsciente feita por Young, citada no capítulo 2, como Psicologia Comportamental dos esquemas, os esquemas primitivos são crenças e sentimentos incondicionais sobre si mesmo em relação ao ambiente, representando o nível mais profundo da cognição e operando de modo sutil fora da luz da consciência. Eles refletem uma autoimagem tácita que atua como uma visão inquestionável e orgânica de si mesmo.

Portanto, uma tarefa difícil para uma pessoa pode ser entendida como um esquema de fracasso – "Não serei capaz de fazer isso", "Vou falhar" –, pois aciona pensamentos autoderrotistas com elevada carga emocional. E o inverso é também verdadeiro: quanto mais aprendemos a superar desafios, montamos novos esquemas cerebrais na crença de que sempre conseguiremos dar conta dos problemas.

Quando conseguimos mudar comportamentos e nos treinar para esses desafios, sentindo não apenas as dificuldades que eles trazem, mas o prazer de conseguir completá-los, abrimos novos caminhos cerebrais. Uma vez atendi um casal que tinha acabado de se separar e, durante o atendimento, queria reatar a relação. Quando isso acontece é muito importante que as cláusulas contratuais do casamento sejam revistas, que se remodele o que era a rotina e as dinâmicas de antes, afinal elas não dão mais certo. Lembro-me de que uma delas era a de que a esposa pediu ao marido que ele saísse mais para as festas dos amigos dela, porque ela só ia às festas do círculo dele. Eles fizeram um pacto, que uma vez seria uma festa dos amigos dele e outra vez seria uma festa das amigas dela, e assim fariam um rodízio.

Algumas semanas depois, durante o tratamento do casal, ele confessou a importância desse pedido dela. Ele chegou tarde em uma sexta-feira e havia se esquecido de que tinha o aniversário da melhor amiga dela ao qual eles prometeram ir. Ele precisaria trabalhar no sábado de manhã e estava exausto – como a maioria de nós em uma sexta à noite –, mas aquilo era parte do pacto e deveria ser cumprido. Ele pensou no incômodo que seria, contudo, no fim das contas, teve de cumprir o que prometeu e, para sua

> Quando conseguimos mudar comportamentos e nos treinar para esses desafios, sentindo não apenas as dificuldades que eles trazem, mas o prazer de conseguir completá-los, abrimos novos caminhos cerebrais.

surpresa, afirmou que aquele ser humano que chegou à festa era completamente diferente do que saiu dela. Ele conviveu com os maridos das amigas dela, bebeu, riu, se divertiu e acabou dizendo que havia sido uma das festas mais legais a que tinha ido. Agradeceu o pedido, pois voltou da festa uma pessoa diferente. Enquanto não houver experimentação, o cérebro não aprende a fazer novos esquemas. A mesma coisa podemos pensar dessas cinco maneiras de treinar nosso cérebro a partir da estruturação da teoria dos esquemas.

Conexão e aceitação: estabelecer uma ponte com aquilo que preciso desenvolver. Fazer uma associação, construir um sentido e aceitar que ainda não tenho esse treino, que é realmente uma qualidade a ser desenvolvida e que faz falta. Como quando dizemos: "Tenho medo de andar de avião, mas entendo que preciso pegar um voo para chegar ao casamento da minha irmã na Austrália". A adesão ao desafio parte de uma decisão nossa (o que nos leva ao segundo item de desenvolvimento: *autonomia e desempenho*) que nos leva à experimentação. A partir daí, caminhamos para o passo da *auto-orientação*: dirigir as possíveis saídas que você vai precisar encontrar à medida que as dificuldades aparecerem, e não por orientações de terceiros. Em seguida, deve garantir que esses desafios possuam *limites realistas*: guardar 1 milhão de reais em três anos, para quem ainda ganha 10 mil reais ao mês, é mais um sonho do que um desafio, por exemplo. E, por último, a *auto-expressão*, que durante esse processo você possa manifestar quem é durante a trajetória. E que esse processo tenha espontaneidade e possibilite que você seja quem é durante a superação do desafio, e não um personagem que mostra apenas que está se desafiando e identificando o prazer disso. Tanto para uma criança quanto para um adulto, passar por desafios atentando para esses cinco passos faz com que se moldem novas sinapses cerebrais.

Os estilos de enfrentamento que surgem a partir dos esquemas que citamos no capítulo 2 eram três: luta, fuga e congelamento. É a criança de ontem no adulto de hoje. Ao aprender a lidar com os três, fortalecemos nossa capacidade de nos desafiar. No sistema de fuga, o indivíduo opera sinapses de retirada da situação de desafio, tornando-se mais um cumpridor de funções ou mais autodefensivo, o que funciona muito bem e é importante para algumas atividades, a exemplo da operação de maquinários delicados, ou procedimentos com materiais químicos, entre outras funções nas quais os esquemas de subordinação da fuga de desafios se faz necessário para a proteção do ser humano. No segundo estilo de evitar, o indivíduo congela o primeiro passo, que é protagonizar. Ele deseja fazer isso, tomar o desafio para si, mas não faz nada. E no de luta, o cérebro combate padrões impostos – supercompensando sua condição, ele abraça mais desafios.

Um exemplo de sistema de fuga: "A vida é desse jeito, independentemente do que eu pense. É provado por A mais B que as coisas acontecem sempre assim, e não há maneira nenhuma de refutar. Eu quero muito conseguir isso, assim como aquela pessoa também conseguiu. Para ter conseguido isso, porém, ela precisou buscar algo. Precisou enfrentar desafios. Quais desafios? Passou por quais dificuldades? Perdeu quantas noites de sono? Recalculou sua rota e seu trajeto inúmeras vezes? Para abrir esse negócio, quais foram os passos anteriores? E depois de feito, como prosseguir? Quais atitudes tomar?".

Para lutar, é preciso lidar com essas questões, que são do reino da realidade objetiva, a vida como ela é. Isso exige buscar uma informação além de fontes completas, como revistas e sites. Falar com quem fez, com quem conseguiu aquilo que estamos almejando. Entender o processo daquele desafio. É preciso colocar dados, levantar números, basear-se em um histórico. Para isolar a realidade interna, que muitas vezes se sobrepõe à objetiva, é preciso trabalhar com dados nessa segunda. E é importante responder a algumas perguntas: Quando? Quanto? Quando vai ser feito? Quanto dá para fazer? É viável fazer isso?

Isso só será encontrado à medida que exercitamos não fugir e não parar diante de situações desafiantes. Lutando contra elas é que vamos desenvolver novas conexões cerebrais. A essência de lutar é considerar as realidades objetivas e o composto do planejamento: o que, quando e onde. Se eu lhe perguntar: "vamos viajar?", que pergunta você me faria de volta? "Para onde, quando, com quem, quanto vai custar, vamos como e onde é?" Essa é a linha de pensamento necessária na realidade objetiva. O desafio é montado sobre essa realidade, e não sobre o que queremos. Um negócio implica muito mais do que fé cega. É necessário pensar, analisar, estudar.

Em média, 73% das empresas quebram em cinco anos, porque em geral os empresários são orientados mais pela realidade interna do que pela objetiva. Uma companhia precisa responder a quatro perguntas: 1) Há uma necessidade dos produtos oferecidos? 2) Quanto estão dispostos a pagar por eles? 3) O volume de pessoas em relação à média de preço torna um negócio interessante? 4) Tenho capital de giro suficiente para manter meu negocio até ele se estruturar?

Devo levar tudo isso em consideração em vez de pensar que minha empresa vai ser diferente, porque meu suco de jiló é a grande nova moda? Quantas pessoas tomam suco de jiló? Um negócio implica atender a uma necessidade, e não é a sua. O que está faltando? É a demanda que constrói a existência da minha empresa?

> Em média, 73% das empresas quebram em cinco anos, porque em geral os empresários são orientados mais pela realidade interna do que pela objetiva.

MCCLELLAND E AS BASES MOTIVACIONAIS

Considero McClelland o pai do empreendedorismo, e tudo o que ele desenvolveu partiu do princípio das "bases motivacionais de realização", um conceito que ele criou junto com um indicador chamado N-Ach (ou *"need for achievement"* – necessidade de realização, em tradução livre), algo que uma mãe estimula um filho a desenvolver.

Sua pesquisa teve início com a seguinte dúvida: por que regiões muito próximas geograficamente demonstravam grande discrepância em relação ao PIB, uma vez que partilhavam de quase todas as mesmas condições?

O primeiro recorte de sua pesquisa teve origem no âmbito cultural, e suas fontes iniciais foram as mães. Sua pergunta foi uma só: qual a expectativa delas com relação a seus filhos? E, com as respostas obtidas, deu-se conta de que a cultura católica e a protestante – únicos fatores diferentes entre as duas cidades – traziam uma influência muito grande no futuro de cada criança. Para os católicos, não havia muito mais o que esperar de seus filhos, além do respeito aos mais velhos, educação, obediência. Havia a noção de que, se a criança crescesse e não dividisse seu dinheiro, Deus a mandaria para o inferno ou algo parecido com isso. Todos esses estímulos levam a um indivíduo obediente e com pouco direcionamento empreendedor, uma vez que a riqueza, na ideologia católica tradicional, também não é muito bem-vista – como o pecado da avareza, por exemplo.

No meio protestante, as respostas foram quase contrárias: saber contar o dinheiro, conferir o troco, ir à venda comprar pão, trabalhar desde sempre, anotar um recado, começar a trabalhar logo. Conquistar responsabilidades, amadurecer. Isso tudo estimula a autonomia, diferentemente da obediência. A ética protestante tem o sucesso profissional como fruto da inspiração divina e incentiva o trabalho como enobrecedor, o que torna o indivíduo mais empreendedor.

Esses estudos, e os que se seguiram, mostram que há uma diferença entre *conduta empreendedora* e *personalidade empreendedora*. Nem sempre o empresário é o empreendedor; nem sempre o empreendedor sabe empresariar.

O MEDO IMPULSIONADOR

O medo é a matéria-prima da atenção e – com todas as substâncias que ele libera e todas as experiências que vivenciamos até o momento em que voltamos a senti-lo – nos guiará em diversos desafios que são, como dito anteriormente, metas e objetivos que têm possibilidade de dar errado. E não precisam necessariamente dar errado para sentirmos medo.

Eu praticava paraquedismo. É uma das melhores sensações possíveis, pelo menos para mim. Ainda assim, depois de dezesseis saltos eu continuava sentindo sempre como se fosse a primeira vez, e perguntei para meu instrutor quando o medo passaria. Quando o frio na barriga pararia de aparecer, quando eu pararia de suar frio e saltaria sem pestanejar. É horrível. Amanhecer na zona de salto é entediante demais. Você precisa pegar um tíquete horas antes de saltar, o que só acontecia comigo lá pelas nove e meia da manhã. E o processo é sempre o mesmo: treinar, treinar, treinar no chão, o que é uma coisa quase patética – porque você está deitado em uma prancha, fingindo que já está caindo. Só dá para pensar: "Não, eu não estou caindo, isso é ridículo", só hoje entendo o porquê.

Entramos no avião, e o mesmo papo de sempre acontece. Cinco, dez, quinze, quarenta e cinco minutos! O avião sobe, sobe mais, e a temperatura cai. Todas as pessoas – sem exceção – pálidas, e apenas o instrutor demonstra uma tranquilidade budista, pois faz parte da técnica e de todo o seu treinamento.

O instrutor avisa que a porta do avião vai ser aberta e, a partir daí, não dá para ouvir mais nada. Uma vez aberto o avião, é preciso colocar o pé em algo chamado estribo, segurar a porta, levar a mão ao ferro que sustenta a asa, o montante. Diferentemente de saltos profissionais – que ficam lindos quando filmados –, não basta abrir a porta do avião e saltar. É preciso ficar ali, agarrado, como um último momento de ligação entre você e uma estrutura que se assimila ao chão – mesmo que um chão muito, muito longe do "térreo" a que estamos acostumados. Você salta. Começa a cair, durante aproximadamente 45 segundos. E de cinco a seis minutos com o velame do paraquedas aberto. E cai mesmo!

Ao chegar ao chão, pergunto para o instrutor quando o medo vai passar, para que essa atividade possa me proporcionar mais prazer. Ele, que já tem quatro mil saltos no currículo, é categórico em sua resposta: "Espero que nunca". E depois me explica algo que faz todo o sentido: o medo é o que nos mantém atentos a qualquer falha, a qualquer detalhe que possa dar errado e que traz nossa atenção para o centro gravitacional, para a hora certa de saltar, para todos os sinais que treinamos. Se não houvesse nenhum tipo de medo na hora de abrir a porta do avião e saltar, seríamos displicentes e correríamos risco de morrer. Em esportes radicais, quem morre é a pessoa experiente. Morre afogado quem sabe nadar. Quem não sabe pensa detalhadamente em todos os riscos e nos cuidados que devem ser tomados antes de pular na água. Essa é a capacidade de controlar confiança e medo. Ao contrário da crença popular, o medo não é sinal de fraqueza, mas de força mental.

> Ao contrário da crença popular, o medo não é sinal de fraqueza, mas de força mental.

Para isso, gostaria de diferenciar medo, fobia e pânico. Repito: o medo é importante na nossa espécie, e a área central responsável por ele é a amígdala cerebral. Ele é necessário, uma vez que nossa espécie foi programada para se proteger e se perpetuar. Ele é o apito que sinaliza "Tome cuidado para não morrer"; sem ele não tomaríamos precauções. Uma tarefa não provoca medo, porém, um desafio precisa provocar medo.

O medo possui a presença e a ameaça do objeto real. Se não tenho medo, ao ver uma aranha em cima da mesa se armando para atacar, eu me aproximo para tentar pegá-la. Essa é uma situação-modelo de presença do objeto *real* em que a aranha é a ameaça desse objeto real. É comum sentir medo, e só podemos superá-lo com o enfrentamento. Esse é um dos tratamentos feitos com fobias específicas (fazer com que a pessoa, aos poucos, entre em contato com seu medo), que, por sua vez, existem na presença do objeto real, mas não na *ameaça* do objeto real. Algumas fobias são adquiridas na primeira e na segunda infâncias e outras só serão tratadas com o enfrentamento para que o cérebro desenvolva novas sinapses, como já falamos, acreditando-se que a experimentação permite superar os medos.

Alguns exemplos de fobias são:

Agorafobia: medo de estar em lugares públicos dos quais poderia ser difícil escapar caso o indivíduo fique ansioso. De certa forma, é um "medo de ficar com medo" associado a locais públicos, onde o medo causaria maior constrangimento.

Fobia social: resulta na fuga de grupos, com base no medo irracional de o indivíduo agir de maneira constrangedora e ser criticado pelos demais.

Fobia específica: medo irracional com relação a um objeto ou situação diferente de multidões e crítica pessoal. Alguns exemplos são acrofobia (lugares altos), algofobia (dor), astrafobia (tempestades), claustrofobia (lugares pequenos), hematofobia (sangue), monofobia (ficar sozinho), misofobia (contaminação), nictofobia (escuro), oclofobia (multidões), patofobia (doenças), sifilofobia (sífilis) e zoofobia (animais).

Para além do medo e da fobia, temos o pânico, que é uma patologia psíquica. Não há presença do objeto real, nem ameaça desse objeto, mas a falta desses dois elementos não faz com que o indivíduo sinta menos medo, e ele vivencia todas as sensações corporais referentes ao medo (como sudorese, taquicardia, aumento da pressão sanguínea etc.). O episódio de pânico tem um pico de duração de dez minutos e costuma se estender por no máximo trinta. Durante um ataque assim, a pessoa realmente acha que vai morrer; por isso, quando estamos perto de alguém que passa por uma crise, é necessário segurar essa pessoa e sentar-se no chão com ela, inspirar e expirar olhando nos olhos, pois isso ajuda a passar o tempo do ciclo da crise.

Quando um desafio se apresenta, se não houver um frio na barriga – ou seja, a ameaça de um objeto real com a presença do objeto real: uma palestra importante, uma prova decisiva, uma reunião – não é um desafio real. Contudo, atenção: esse medo não chega a ser uma fobia e não pode ser avassalador o suficiente para gerar um ataque de pânico.

Uma das formas de vencermos o sistema do medo é entender que a ansiedade é nossa amiga, os sintomas que ela gera em nós são como uma linguagem própria de avisos e recomendações. Posso explicar isso ao falar de uma patologia como a asma. O indivíduo desenvolve uma condição como essa na primeira infância com predominância somática (problemas que não se manifestaram ainda em idade remota se desenvolvem como defesas), ou seja, a doença tem a função de ajudar a suportar crises emocionais em determinados momentos. É como ter um melhor amigo que não nos abandona, podemos perder tudo – a esposa, os filhos, a casa, quebrar –, e esse amigo volta da primeira infância e diz: "Deixe que cuido de você, eu assumo daqui para a frente". É a única certeza com a qual podemos contar. É como se esse amigo nos dissesse: "Calma, eu faço você ficar em casa por três dias, sua mãe virá para ajudar, você vai receber cuidado e atenção". Se o doente não consegue dialogar com a asma e entender por que a crise veio e qual a sua função, a asma ficará mais tempo do que deveria.

Uma vez presenciei o ritual de um terreiro de umbanda em que uma pombagira descia em uma mulher. Se o pai de santo começa a conversar com ela, se ele fica bravo com a entidade e quer expulsá-la, ela fica mais brava ainda e permanece por mais tempo. O mais apropriado é dialogar com ela, pedir para contar tudo, perguntar qual é a mensagem que ela traz e o que ela precisa que seja dito. Algumas doenças, ou entidades que "baixam nas pessoas", vivem desde sempre dentro da nossa mente, registrados em algum lugar do cérebro. Para superar nossos medos de desafios, muitas vezes temos de ouvir o que eles estão tentando nos dizer. "O que você está tentando me avisar, crise de asma, estou com medo de enfrentamento? Estou com medo de ser sufocado pela família? Você está me ajudando a reagir a quê?". O mesmo se dá com a pombagira.

Essas movimentações psíquicas e mentais atingem um nível neurofisiológico, o indivíduo sente seus efeitos com toda a intensidade, se emociona, tem a impressão de estar sob o controle de algo diferente. No entanto, são apenas emoções registradas e sensações que residem em algum lugar desse aparelho neurofisiológico.

Então, quando você se deparar com algo que lhe causa medo por ser desafiante, procure explorar essa sensação e ouvir esse amigo. Faça perguntas a ele: "O que você quer me dizer com isso?". Porque algo existe ali, algum registro seu do passado que provoca essas emoções, portanto comece fazendo as perguntas óbvias: "Quais são meus medos? O que pode acontecer se tudo der errado? O que devo fazer para que isso seja superado?".

Nossa relação com o medo é muito íntima e está impregnada de verdade. Na Europa, as expedições internacionais de alpinismo sempre possuem dois membros de cada país, que se comunicam em inglês por meio de rádios. Um fenômeno interessante é que, na hora em que esses grupos se encontram em situação de emergência, todos recorrem à língua materna, aos dialetos, e não conseguem se comunicar em inglês por estarem tomados pelo medo. Por isso, como procedimento padrão, sempre precisa existir um mediador longe dali, que consiga falar algumas das línguas para auxiliar os alpinistas na hora do aperto. Isso acontece porque no momento do medo acordamos os registros daquilo que vivemos com nossas mães e nossos pais, que estão armazenados no cérebro. Essa é, por exemplo, a função de um terapeuta que, ao ouvir essas mensagens, devolve ao paciente as perguntas que acabei de fazer:

- Do que você tem medo?
- O que você acha que pode acontecer?
- Como você pode lutar contra isso?

Uma das formas de exercitar isso é listar os seguintes itens em um papel:

Qual é o desafio?	
O que eu quero na situação?	
O que quero que eles entendam na situação?	
Como vou comunicar o que quero?	

Esse esquema é ótimo para situações desafiantes como a apresentação de um projeto, de propostas e negociações, pois nos ajuda a conseguir codificar uma coisa básica que sempre funciona, mesmo quando não conseguimos ouvir direito a pombagira, os dialetos, a asma: "qual é meu verdadeiro medo". Se a situação é uma negociação importante, faço outra tabela:

O QUE QUERO:	
O QUE POSSO:	
O QUE DEVO:	
O QUE NÃO DEVO/NÃO POSSO:	

Liste o maior número de características em que conseguir pensar, e isso ajudará você a se preparar melhor para seu desafio.

A preparação é sempre um alívio para o medo diante de um desafio. Como devemos nos preparar? Primeiro, separe tempo para preparação, não use o tempo do avião, nem enquanto viaja em um ônibus, táxi ou carro. Costumo sugerir um tempo de preparação de, em média, duas a três horas. Primeiramente, estude o material relacionado ao desafio, lendo, grifando durante esse tempo, e separe os pontos principais. Em uma segunda etapa, ordene esses pensamentos na forma de tópicos em uma folha, de onde você partirá até onde chegará em termos de argumentação (ou de fluxo de uma negociação). E assim vá estabelecendo pontes – costumamos chamar isso de *tool the bridge*. Assim as ideias passam a ter concatenação e se ligarão com mais força. Em seguida, simule o que vai falar. Fale para um espelho, fale em voz alta, ensaie com alguém. Cada vez que errar e se atrapalhar, volte para o ponto inicial. A cada vez que voltar, você terá adquirido mais segurança na etapa que está repetindo.

Por último, encontre algum lugar calmo onde você possa deitar, pegue um despertador e coloque para tocar em vinte até 25 minutos. Faça de sete a dez respirações inspirando pelo nariz, segurando e soltando pela boca. De forma simétrica, uniforme e regular. A partir desse momento, procure construir a cena em sua mente pensando nos detalhes. Como você vai chegar, se for uma reunião, como vai cumprimentar as pessoas, ou como vai abrir sua fala (algo que Dani, nosso funcionário exemplar da introdução, deveria ter feito!). Veja-se iniciando o processo, a roupa que vestirá e comece a narrar em voz baixa tudo aquilo que você já estruturou nos exercícios.

Falar, observar, mentalizar e visualizar. Essa técnica de mentalização se assemelha às dos recrutas da marinha, que vimos no capítulo 3. Ao final, envie a si mesmo mensagens positivas, reforce sua segurança: "eu me sairei bem", "estou preparado", "vou arrasar". Isso pode ser feito antes de uma entrevista de emprego, de uma reunião com um possível novo investidor, na negociação de uma dívida. Não acredite só em você, mas no seu cérebro. Ele precisa visualizar e mentalizar para abrir caminhos e sinapses e, assim, produzir resultados com menos ansiedade.

Igualmente importante é saber lidar com nossa ansiedade em momentos de desafio. Os sintomas da ansiedade são apreensão, tensão e a sensação de desastre iminente a partir de uma fonte específica ou desconhecida. Ela se apresenta fisicamente na forma de suor, boca seca, respiração curta, aumento da frequência de pulso e da pressão sanguínea, sensações de latejo na cabeça, tensão muscular – todos sintomas que representam alta estimulação do sistema nervoso autônomo, respostas muito parecidas com as do medo.

Em tudo aquilo o que exige preparação, prepare-se o dobro do que é considerado padrão e aprenda a diferenciar ansiedade de angústia. A ansiedade só pode acontecer conscientemente, nela eu localizo o objeto, ela é consciente. Se vou participar de uma nova negociação daqui a uma semana, à medida que eu penso nessa negociação fico ansioso. Isso é uma pombagira nos mandando uma mensagem, isso é a asma, o melhor amigo de alguns. O que está dizendo para nós? Prepare-se. Na ansiedade você localiza o objeto, pode ser uma palestra, uma apresentação, uma negociação, uma prova. Portanto, só um louco ou alguém

> Em tudo aquilo que exige preparação, prepare-se o dobro do que é considerado padrão e aprenda a diferenciar ansiedade de angústia.

dissociado da realidade, psicótico não sentiria a ansiedade diante de alguma coisa importante. É como se na hora de saltar eu subisse no avião assobiando.

Então, trate bem essa sua amiga. A ansiedade diz a você "Prepare-se melhor"; e quanto mais você se preparar, mais o sistema de enfrentamento e de luta construirá novas sinapses de como lidar com situações semelhantes. Já a angústia é um desejo de algo que não pode ser desejado, é da natureza de outro inconsciente, que não conseguiremos tratar aqui, pois precisa ser encarada de outra forma. O que vai otimizar seu maior motivo, a razão de agir, estabelece-se como motivação, e o maior pico da motivação está relacionado a algo não tão fácil de atingir nem tão difícil que se torne impossível. Portanto, trata-se de uma curva motivacional: o auge dessa curva está no desafio que pode não ocorrer e não pode ser impossível.

Dessa maneira, estabelecemos autoincentivos pelo alcance de resultados positivos. Conseguimos identificar pequenas premiações atreladas a resultados específicos. Identificamos nossas fraquezas e agimos para reduzi-las. Preparamo-nos melhor diante de situações que causam insegurança para reduzir nossa tensão emocional. É como uma nova matriz de competência.

Guarde para sempre em seus desafios esta frase: "Só descobrimos se podemos algo quando o fazemos".

Resumo

- Um desafio só existe quando há possibilidade de dar errado. É necessário compreender que desafios são necessários à evolução.

- A sensação vitoriosa aparecerá no final e será registrada pelo núcleo accumbens como algo que deve ser repetido.

- Podemos nos treinar para desafios ao passar por experiências que fizeram ligações e registros de desafio, que funcionaram como interferências nas funções neurobioquímicas cerebrais.

- Os registros contribuem para estruturar nossa autoimagem, um processo que tem caráter circular, ou seja, só posso sentir que sou se já fui.

- Sempre que sentir medo, questione esse medo e "escute" o que ele tem para lhe dizer: Do que você tem medo? O que você acha que pode acontecer? Como você pode lutar contra isso?

- A preparação é sempre um alívio para o medo diante de um desafio. Se algo lhe dá medo, prepare-se duas vezes mais.

5 É PRECISO TER FOCO

Você já deve ter ouvido essa frase incontáveis vezes, e faltariam dedos das mãos, dos pés e até de outras pessoas para ajudar a contar quantas foram. "Ter foco" tornou-se uma das grandes promessas para o sucesso na atualidade. Simples assim, como se foco pudesse ser comprado na farmácia mais próxima e ser aplicado com um conta-gotas, ou tomado como um comprimido, auxiliado apenas por um gole de água, pronto, eis o foco, vamos agora fazer aquele relatório chato de cem páginas!

Foco não é remédio e, na verdade, ele sempre está lá. Enquanto você lê estas palavras, por exemplo, sua mente está focada aqui. Se a luz piscar, alguém entrar no mesmo ambiente ou houver a possibilidade de algum barulho estranho acontecer, o foco não vai embora: ele apenas muda de direção. Uma das grandes chaves para conseguir prosperar em qualquer mercado – e, sinceramente, em qualquer âmbito da vida – é saber manter esse foco no mesmo lugar por mais tempo. Seguir o alvo, cumprir seu objetivo.

Contudo, manter o foco é diferente de ter foco. Certa vez, eu aplicava um módulo em um *workshop* fechado para presidentes de empresa e um deles fez uma reclamação da situação pela qual passava. Por ser presidente de uma grande companhia, ele estava preocupado porque a organização não atingia os resultados que desejava. Um amigo lhe havia mandado um e-mail no qual perguntava como estavam as coisas. E ele respondeu que "nada bem, dinheiro, que é bom, não está entrando", usando um tom de reclamação e ironia.

> Uma das grandes chaves para conseguir prosperar em qualquer mercado – e, sinceramente, em qualquer âmbito da vida – é saber manter esse foco no mesmo lugar por mais tempo. Seguir o alvo, cumprir seu objetivo.

Perguntei se ele ou sua equipe sabiam o que deveria ser feito e ele me disse: "Tem um monte de coisas que devemos melhorar". Depois de ouvir essa resposta, peguei uma folha em branco, amassei como uma bola, entreguei na sua mão e pedi que ele acertasse o alvo. Como fiz isso de maneira provocativa, virei as costas, repetindo: "Acerte o alvo!", e ele jogou a bola em mim. Eu peguei a bola e disse: "Acerte o alvo!", e ele jogou em si mesmo. Mais uma vez insisti: "Acerte o alvo!" e ele ficou parado, sem entender o que estava acontecendo, até que me perguntou: "Cadê o alvo? Não entendi!".

Respondi que o ajudaria, desenhei um alvo no quadro, virei e disse: "Acerte o alvo agora!". Como ele estava longe, precisou se levantar, chegar perto e atirar. Pedi uma salva de palmas para ele, explicando para a turma que, enquanto você atira o objeto em outra pessoa achando que ela é o alvo, está apenas usando uma estratégia de defesa; quando passa a jogar esse objeto em si mesmo, está apelando para a autopiedade. Para que você defina um foco, é preciso determinar com clareza quais são os alvos, e só então partir para as melhorias (não adianta atirar em si mesmo nem nos outros).

Entreguei uma caneta na mão desse participante e pedi que ele fosse até o alvo e escrevesse dez coisas que ele achava que deveriam ser feitas. Ele escreveu tópicos abrangentes, mas cujo significado ele conhecia. Depois disso, pedi que numerasse o que deveria ser feito de um a dez, usando prioridades em ordem crescente, dando número ao início de cada aspecto dessa lista. "Agora, você tem dez alvos", disse a ele, "ataque um por vez ou aqueles que podem ser atacados juntos, o que dependerá de como você vai cuidar do trabalho de seus diretores."

Existe um vídeo ótimo, de Stephen Covey,[1] em que fica claro que é papel do líder definir o foco, uma vez que definir os objetivos é completamente diferente de conseguir que eles sejam atingidos. Ele cita uma pesquisa que comprova que, nas organizações, apenas 15% dos funcionários sabem quais são os objetivos e as prioridades da empresa, o que mostra que o fato de o líder saber o que quer atingir não garante que exista alinhamento para que as ações sejam efetivadas. Ele apresenta um dado ainda mais alarmante: muitas vezes as pessoas sabem quais são os objetivos da empresa, contudo, não aderiram a eles, pois apenas 19% dos funcionários acreditam naquilo que é proposto. Isso aponta falta de foco para passar as metas aos funcionários e para que eles se sintam cocriadores da missão e das prioridades da empresa. Na medida em que é preciso treinar uma equipe para estabelecer objetivos, é papel do líder definir focos com esta.

> Para que você defina um foco, é preciso determinar com clareza quais são os alvos, e só então partir para as melhorias (não adianta atirar em si mesmo nem nos outros).

Tendo o foco definido, o maior desafio para qualquer pessoa ou empresa é mantê-lo. A manutenção do foco, porém, é outra prática, significa dizer não mais vezes do que dizemos sim. É poder afirmar que algo não é prioridade agora de forma que o ataque seja feito com precisão. Isso porque, ao longo dos anos de atendimento, acabei percebendo que na vida profissional as pessoas sofrem por duas causas principais: ou o excesso de competência ou a falta dela. No segundo caso, você vira aquilo que meu avô chamava de "pau mandado": não estabelece foco nem alvos, não tem iniciativa para agir. Entretanto, aquele que sofre pelo excesso de competência é constantemente

---

[1] Disponibilizado pela Franklin Covey © em: <http://www.youtube.com/watch?v=vQnOMY98fGg> (em inglês). Acesso em: 9/10/2013.

assediado por oportunidades, demandas, excessos. Em decorrência disso, aprender a delegar com foco, cobrar a manutenção deste, estabelecer listas de prioridades são atitudes que demandam que o indivíduo não se perca pelo caminho. Controle os assédios e os desejos que não são prioritários neste momento. Não caia no vício de se prender em algo no futuro e não no que precisa acontecer agora.

Em uma viagem nas férias de inverno, levei minha família para a cidade de Urubici, localizada na Serra Catarinense. Sempre alugo uma fazenda sem luz elétrica, sem lareira, no topo da serra. A única coisa que tem dentro da casa de madeira é um fogão à lenha. Isso tem um motivo: uma das tarefas que peço quando atendo casais desvinculados dos filhos e de suas relações é que façam uma breve viagem de carro – entre dois e três dias. Não de avião, porque, quando estamos no aeroporto, o vínculo é afetado pelas demandas que o local impõe (bagagens, checagens de documentos, raios X). Dentro de um carro, porém, em um espaço de aproximadamente quatro metros quadrados, uma família precisa conviver em tiros de três horas. É preciso negociar as músicas, o horário para comer, quem precisa de água etc., e essa experiência, sem que a família perceba, leva a uma aproximação e a uma conexão. Se o foco é viajar, podemos optar por outros meios, no entanto, se for se aproximar, a forma como a viagem deve ser feita é diferente. Quando estamos desvinculados, o exercício de ir para um lugar onde todos precisem conviver e trocar experiências juntos aquece a família. Esse é sempre meu propósito nessa fazenda. Como só temos um fogão à lenha para nos manter aquecidos, o chimarrão, a cozinha e o frio aproximam todos para preparar as refeições e viver uma rotina na fazenda durante alguns dias.

Durante esse tempo, jogamos juntos, cozinhamos juntos e acendemos o fogão à lenha juntos. Dessa vez, a temperatura chegava a marcar –4º C no período da noite, e nossa moradia temporária era inteiramente de madeira com alguns furos, o que pedia que o fogão à lenha estivesse sempre aceso. Além da necessidade de dormirmos com muita roupa, os edredons de ovelhas reforçavam nosso aquecimento. Falando desse jeito, parece um martírio, mas só de estarmos juntos e relaxando, conversando, convivendo em família sem outras distrações, a sensação que tínhamos era de um aconchego imenso e, ao mesmo tempo, de aventura em volta do fogão à lenha.

Durante uma das noites a temperatura chegou a −6º C, e decidi compensar a todos preparando um café mocha – um café típico do interior, batido com açúcar e leite tirado direto da vaca, que deixa a bebida com uma consistência cremosa. Contudo, para fazê-lo eu precisaria ir até o curral, encontrar o homem que tirava o leite das vacas, uma vez que ele enviava todo o leite para vender na cidade mais próxima, e pedir-lhe um pouco de leite ordenhado na hora. O horário em que ele poderia ser encontrado era nada menos do que 5h30. Pensei: "Tudo bem, deixo o fogão à lenha esquentando e vou até o curral".

Assim, comecei uma verdadeira epopeia. Acordei às 5 da manhã, enfrentando o frio, escondido de todos, e fui acender o fogão. Era o primeiro passo, mas já recebi o primeiro balde de água fria: não havia mais gravetos para fazer o fogo, então precisei pegá-los do lado de fora da casa, dentro do galinheiro. Eu me agasalhei, saí no frio, peguei um feixe de gravetos secos, trouxe até a casa, empilhei a lenha e fui procurar o álcool para incendiar com rapidez a obra que havia feito. A ideia era que, com o álcool e um fósforo, eu conseguiria imediatamente fazer aquele bolo se incendiar e não precisaria da ajuda de ninguém – o que facilitaria o processo. Contudo, como esse café estava se provando um exercício de paciência, o álcool havia acabado.

Por uma questão de honra, decidi que acenderia o fogo à lenha de qualquer maneira, usando só os palitos de fósforo, papel, gravetos e lenha. Eu não sei se você, leitor, já passou por algo assim, mas acender fogão à lenha desse jeito é completamente diferente, não se compara em nada à facilidade de acender uma churrasqueira com álcool, por exemplo. No primeiro fósforo o papel até pegou fogo, mas não os gravetos. Adicionei mais jornal, mais papel, até os primeiros gravetos começarem a pegar fogo. Mesmo assim a lenha ainda estava longe disso. Aí me dei conta de que eu deveria vigiar cada graveto, assoprando o suficiente, nem muito forte nem muito fraco, e alimentando com novos gravetos até a lenha pegar fogo. Você pode pensar que isso acontece rapidamente, mas lá se foram as vacas, meu café mocha, e o leite do dia.

Acender o fogão a partir daí virou uma missão pessoal que, sim, consegui cumprir, mas só depois de muito tempo. O fogão à lenha precisa ser alimentado cuidadosamente, de maneira quase cirúrgica, esse foi meu aprendizado. É preciso tomar cuidado, vigiar, dar atenção a cada detalhe ou ele vai apagar.

Manter o foco é isso. Não acontece como um estopim, como jogar álcool e ver o fogo pegar de uma hora para a outra. Todo dia, quando levantamos da cama, partimos para uma jornada que exigirá muito de nós, como manter uma relação afetiva, um negócio, um emprego, preparar-se para a ascensão em uma empresa, atingir um desafio ou fazer uma viagem. Tudo isso exigirá inteligência na hora de tomar decisões, interação com outras pessoas – do seu trabalho ou não –, cuidado e carinho com aqueles que estão mais perto de você e atenção consigo próprio, além de novas funções que aparecerão. Uma empresa, uma carreira e uma vida não se estabelecem do dia para a noite. Nem mesmo um casamento se mantém apenas com álcool – e viagens para a Disney uma vez ao ano (no caso do vínculo com os filhos, por exemplo). Você, afinal de contas, não foi jogado no mundo.

O foco também é algo que precisa ser treinado com muito empenho na vida profissional e pessoal. Muitas vezes você acha que fazer reunião enquanto responde a um e-mail e distribui ordens é uma superprodutividade, mas conseguir se concentrar em uma coisa de cada vez é mais produtivo ainda e aumenta a qualidade do seu trabalho. Além disso, ao contrário do que todo mundo pensa, você economiza tempo fazendo uma coisa de cada vez. Manter o foco é colocar um graveto de cada vez para controlar o fogo e saber ir dosando a brasa com muita atenção. Muitas pessoas parecem verdadeiros espalha-brasas, o que me lembra de uma história que gosto de contar em meus livros e em alguns dos meus processos de desenvolvimento.

Havia um executivo, empregado de uma multinacional e já estabelecido em um cargo alto, que não conseguia mais trabalhar direito. A pressão absurda do dia a dia o obrigava a falar sem parar, pensar sem parar, disparar cada vez mais ordens para os muitos projetos que ele insistia em tocar – e não conseguia produzir com qualidade. A amígdala cerebral tomou conta dele e ele vivia em estado de alerta, dominado pelos prazos que estouravam, sem permitir que o córtex tivesse espaço suficiente e possibilidade de orquestrar seus meios e caminhos. Não havia espaço mental livre na vida desse homem.

> Ao contrário do que todo mundo pensa, você economiza tempo fazendo uma coisa de cada vez.

No meio de tanta confusão, ele foi tomado por uma necessidade de falar alto, por uma impulsividade sexual e de aquisições (comprava desenfreadamente). Ele apresentava um quadro claro de hipomania.

A hipomania se caracteriza pelos mesmos sintomas da mania, mas em escala de intensidade muito menor (algo como uma nota dois ou três em uma escala de um a dez). O indivíduo não percebe quanto se altera, e entre os sintomas principais estão a euforia, o aumento desproporcional de atividade (a pessoa começa milhares de projetos, mesmo não terminando a maioria), irritabilidade com pequenos contratempos, autoestima elevada (por exemplo, acha que está sempre certo e começa a entrar em conflito com superiores e familiares), redução da necessidade do sono, pressão e compulsão por falar, entre outros comportamentos compulsivos como a impulsividade sexual e, por aquisições, megalomania, dificuldades de receber *feedbacks* negativos e de lidar com frustração.

A hipomania é um distúrbio que afeta cerca de 6% da população mundial e carrega sintomas da bipolaridade de maneira mais branda; a diferença é que, na hipomania, os sintomas costumam se direcionar automaticamente para atividades produtivas – em geral, no âmbito de trabalho, esses traços de comportamento acabam por ser valorizados.

Esse executivo era um caso clássico de hipomania, e decidiu que sua equipe seria a melhor de todas na empresa. Essa decisão gerou uma tensão absurda na equipe – o que causou efeito contrário ao que ele pretendia a princípio: os resultados caíram e a convivência entre todos tornou-se difícil. O departamento de RH recebeu diversas queixas sobre o nervosismo e as pressões exercidas por ele e sobre a tensão criada na equipe por causa disso. Quando questionado sobre o que estava acontecendo, ele não compreendeu: "Está tudo ótimo! Vamos bater todas as metas do ano, conseguiremos ultrapassar todas as expectativas". O que ele não percebia era que, se ele não parasse, parariam por ele.

A solução encontrada pelo RH foi enviá-lo para terapia ocupacional. Foram dados quinze dias para que ele "descansasse" e voltasse aos eixos.

Chegando ao local indicado, uma fazenda, o executivo já trazia consigo um planejamento detalhado de tudo o que desejaria fazer por lá para aproveitar seu tempo ao máximo. Conhecer as cachoeiras da região, uma por uma, em horários específicos, milhares de atividades para preencher todo o seu "descanso". Antes disso, porém, vendo a animação do executivo, o terapeuta do local perguntou se ele gostaria de trabalhar na fazenda. Ele, é claro, aceitou com gosto receber tarefas e de início foi incumbido de espalhar esterco no pasto. O combinado era que essa atividade durasse uma hora e meia, mas a ansiedade dele era tanta que em 45 minutos tudo já estava pronto, e ele foi mostrar o resultado com orgulho para o terapeuta. Para ocupar ainda mais o tempo, ele foi colocado para dividir laranjas em três cestos: frutas pequenas, médias e grandes. Como para qualquer tarefa que lhe era proposta, ele desdenhou do tempo que demoraria para cumpri-la e partiu para o laranjal pensando que terminaria tudo rapidinho, animado com os próprios resultados, pois acreditava que eles eram uma prova de que ele estava muito bem, obrigado, e poderia voltar ao trabalho.

Dessa vez, no entanto, a tarde foi passando e o executivo não retornava. Bateu o sino da hora do café, e nada dele. Final da tarde, seis horas, e nada. O terapeuta foi procurar por ele e o encontrou olhando para a primeira laranjeira. Ele estava perplexo, e alegou que a tarefa era de fato complicada, uma vez que era difícil classificar as laranjas entre pequenas, médias e grandes. A resposta do terapeuta? "Fazer escolhas não é para qualquer um. Espalhar merda qualquer um consegue."

Aprender a fazer escolhas é o que determina a manutenção do nosso foco. Quando temos uma tarefa simples, sem nenhuma possibilidade de divergência ou mudança de rota e não existem barreiras para atrapalhar, fica fácil manter o foco, é só entrar em modo de piloto automático. Quando existem escolhas, porém, a coisa muda de figura. Precisamos ter mais atenção para não cometer erros de nenhuma natureza. E, ainda assim, equívocos poderão acontecer. Sempre perderemos alguma coisa, e o cérebro sempre estará orientado a essa perda, em vez de se prender à possibilidade de ganhos, uma vez que aquilo que dá errado causa um sentimento e deixa uma impressão muito forte. É exatamente essa mudança que precisa ser retrabalhada. O foco permite, pela repetição, que resultados sejam atingidos.

> Aprender a fazer escolhas é o que determina a manutenção do nosso foco.

Como exercício diário, você precisa criar uma tabela com o que precisa ser feito naquele dia, e elencar uma ordem de prioridades. O segredo de sucesso desse método é nunca começar pelo que vem por último, pelo que seria mais fácil. Isso é gastar energia que poderia ser empreendida em coisas importantes, com possibilidades de atingir metas e obter resultados. Ao começar pelo mais difícil, você fica mais produtivo. Pegue seu *check-list* e ataque primeiro o item que dá vontade de sair correndo e mudar de emprego, aquele que você teria a tendência de protelar, aproveite que está com mais energia e faça primeiro isso. Dessa forma, as outras atividades que você conseguir realizar no restante do dia serão um bônus.

Ao fazer a tabela, coloque asteriscos nas coisas importantes, as que são essenciais. Não digite, mas escreva, pois ao visualizar o que escreve você estará naturalmente visualizando a ação. O que tiver um asterisco ao lado é aquilo que não pode deixar de acontecer no dia, precisa ser a prioridade.

Certa vez atendi um executivo que me deu um ótimo exemplo usando a rotina da academia de musculação que ele frequenta. Na entrada do local, existe um bar e diversas mesas, ali os *personal trainers* esperam os alunos atrasados. Quando o aluno chega, senta para conversar um pouco, botar o papo em dia, falar amenidades. Quando alguém chega e cumprimenta todos, com certeza terá vontade de sentar-se ali. Isso, porém, é gastar a energia do treino, pois, além do tempo, existe a questão de perder o pique da entrada.

O que ele descreveu para mim é que quem se senta antes de treinar perde o foco e, com cerca de trinta minutos de treino, já se cansa mais do que o normal e desiste.

Na hora de fazer a escolha – sentar-se no bar ou ir treinar – é que o foco precisa ser mantido, e esse momento precisa ser vencido. É necessário direcionar o foco e fazer a escolha aparentemente mais difícil. Para isso, é sempre bom controlar o campo de escolhas possíveis, não deixar muito espaço para a escolha mais fácil (e sempre menos construtiva). Como quando fazemos uma dieta: não adianta ter doces em casa e pensar que é possível controlar o desejo

> É necessário direcionar o foco e fazer a escolha aparentemente mais difícil.

por eles; é melhor deixar a casa "limpa" daquilo que pode lhe causar um desastre. Ou quando há uma reunião importante no primeiro horário do dia seguinte; não tem como dizer a si mesmo que você vai "dar só um pulinho" naquela festa. Isso é deixar o campo muito aberto para não conseguir acordar no dia seguinte; parecem ações castradoras, no entanto são parte do esforço para controlar nossas reações e, assim, nosso sucesso.

A questão das escolhas carrega essa "pegadinha": você só consegue controlar a sua escolha, e não o que vai acontecer depois disso. Ao fazer a escolha correta, ganha-se. A escolha de sentar-se é controlada, mas não o que vai acontecer dali para a frente. O campo se altera, cabe a nós orquestrar o córtex pré-frontal para priorizar que campo vai tomar conta da nossa atenção, esse é o momento da virada. É como chegar ao trabalho e encarar seus e-mails, e não ir direto checar o e-mail pessoal ou as redes sociais. É uma força magnética que nos puxa para protelar um pouquinho mais, só alguns minutos; contudo, esses minutos fazem sua energia cair pelas próximas **horas**. Não pense, faça. Você sabe que precisa chegar e se concentrar naquele assunto pendente. Depois de cuidar disso, estará mais leve e vai se sentir energizado. O resto da energia vem depois da primeira situação alcançada.

Existem outras técnicas que aumentam o foco e clareiam o processo de tomada de decisão. O somatório desses hábitos dá melhores condições para o pleno exercício da nossa inteligência, uma grande aliada na manutenção do foco. Lembre-se disso: o que nos torna mais inteligentes ajuda também a nos tornar mais concentrados.

> O que nos torna mais inteligentes ajuda também a nos tornar mais concentrados.

1) **Pratique exercícios físicos.** Sim, eles ajudam a mente. Os exercícios aumentam a circulação vascular no cérebro, melhorando a nutrição e a oxigenação dos neurônios. Estimula a geração de células no hipocampo (área da memória).

2) **Aproveite as habilidades evolutivas.** Invista tempo e atenção nas habilidades mentais que ajudam a entender o que os outros pensam e sentem. Analise as motivações das outras

pessoas, tire tempo para refletir sobre em que elas diferem de você, como reagem às diversas situações.

3) **Repita para lembrar.** Apenas os eventos marcados pela emoção vão direto para a memória de longo prazo (por isso, por exemplo, um fracasso pode ser tão marcante). Para gravar fatos do cotidiano que são importantes, repita trinta segundos depois de recebê-los e de novo uma hora depois.

4) **Respeite seus limites.** O cérebro não é multitarefas. Não fomos programados para escrever um texto, conversar pelo Skype e ouvir música simultaneamente, portanto, tente aumentar o poder da sua consciência fazendo uma coisa de cada vez e sinta o estresse diminuir e a produtividade aumentar.

5) **Reduza o estresse.** O estresse libera descargas de cortisol que podem matar os neurônios. Em particular, atingem o hipocampo (área da memória e da aprendizagem), por isso faça o possível para reduzir sua carga de estresse e fique mais produtivo.

6) **Utilize vários sentidos.** É mais fácil aprender assistindo a um documentário ou fazendo experimentos e testes do que lendo um livro ou ouvindo uma narração. Por essa razão, na hora de aprender algo, tente fazer disso uma experiência.

7) **Durma bem**. A fase REM do sono recupera neurônios e torna mais fortes as conexões entre eles. Permite a recuperação de memórias antigas. A Nasa fez um experimento que comprovou que não apenas o sono profundo traz benefícios, mas também um cochilo de 26 minutos foi capaz de aumentar o desempenho dos pilotos em 34%.

Usar a inteligência ainda está ligado ao ponto de manutenção de foco sobre o qual insisto em todo este capítulo: o segredo é justamente dizer não, apesar de vivermos em uma sociedade que endeusa o sim e reforça que as pessoas assumam cada vez mais atividades e sejam cada vez mais ocupadas. Às vezes, uma rotina no trabalho vai lhe tirar a possibilidade de ir ao *happy hour* com os amigos, mas é preciso concluir a atividade. Não digo aqui para você ser "o chato" do grupo, que nunca aparece e está cada vez mais ocupado e indisponível, porque, em algumas vezes, talvez o foco possa ser justamente o *happy hour* e os contatos que ali podem ser feitos, a convivência com os colegas. Contudo, quando não for possível socializar, explique aos colegas seus motivos.

Em uma vida saudável, o foco ajuda a dividir a atenção entre os diversos aspectos de nossa vida: a família, o trabalho, a saúde, o estudo, dependendo do que você quer para o futuro. Foco também é pensar no que é importante para nos manter equilibrados, saber distribuir o tempo como estratégia; não podemos confundir nossos diferentes alvos com falta de foco. Um exemplo prático é o empresário que abre diversos negócios com naturezas diferentes, como uma padaria, uma loja de pneus, uma indústria de tintas, em vez de investir em áreas que convergem, que são similares e apontam para um objetivo de vida concreto, por exemplo, ter uma indústria de alimentos e abrir uma de embalagens, algo que completa o foco, pois expande-o em uma linha lógica de complementaridade.

> O segredo é justamente dizer não, apesar de vivermos em uma sociedade que endeusa o sim e reforça que as pessoas assumam cada vez mais atividades e sejam cada vez mais ocupadas.

Na maioria das vezes, a necessidade de manutenção de foco acompanha um desafio. Os pensamentos existem para que você consiga manter o foco na situação, assim como no exemplo dos recrutas da marinha, afinal, o foco nas situações de conflito de guerra também é elemento decisivo. Nossa mente produz em média de trezentas a mil palavras por minuto sem que você perceba. Como já mencionamos nos capítulos anteriores, falar consigo mesmo é tomar as rédeas da narrativa desenfreada do cérebro. Converse conscientemente consigo mesmo usando frases que reforcem seu foco, que reafirmem aquilo que você fará: "Vou conseguir, vou dar conta", "Posso terminar o dia de hoje com tudo feito", como fazem os oficiais da marinha. Com esse diálogo interno, sabemos que vamos chegar em casa em segurança, que aquela próxima hora de reunião será nosso momento de fechar um negócio.

A questão do foco é afetada no âmbito da nossa neurofisiologia a partir do equilíbrio químico do corpo. O controle geral do organismo é exercido pelos sistemas nervoso e endócrino. O primeiro, de maneira geral, pode ser dividido em somático e autônomo, sendo esse o maior responsável pelo controle e pela comunicação interna do organismo, baseado no domínio de vasos sanguíneos, vísceras e glândulas.

O equilíbrio do corpo humano se dá de maneira dinâmica e depende não de um valor absoluto, mas do balanço entre nossas variáveis biológicas e da necessidade de manter uma faixa de normalidade.

A manutenção do ambiente interno (da homeostase) é uma das principais funções do sistema nervoso autônomo, os estímulos internos sinalizam ao sistema nervoso a necessidade de regulação do sistema e este, por sua vez, lança mão de mecanismos de compensação.

Existem alguns exemplos bem práticos de como esses sistemas funcionam. No sistema nervoso, temos a divisão entre os sistemas simpático e parassimpático. No simpático, basicamente, você libera maior adrenalina, ele otimiza os neurotransmissores de natureza excitatória, aumenta os sentidos e a oxigenação do cérebro.

O simpático tem a ver com a excitação, com as substâncias que intensificam a atividade. De certa forma, ele pode ser controlado quando nos tensionamos ou tomamos estimulantes. Nosso normal é ter ciclos circadianos, com algumas horas do dia de maior atividade e outras de menor atividade – para cada ser humano isso se dá de um jeito, entretanto, existem linhas gerais comuns a todos nós, por exemplo, a queda de atividade à noite é um ponto em comum para a maioria das pessoas, quando chega o período de descanso. Evolutivamente, recebemos uma glândula chamada pineal que libera a melatonina, responsável pela nossa sensação de sono. Há muito tempo, antes da influência da energia elétrica, seguíamos um ciclo de dois períodos entre descanso e atividade, hoje ficamos entre ciclos de três ou até quatro períodos. A maioria das pessoas trabalha e estuda, ou tem mais de um emprego ou *hobbies* que ocupam seu tempo. Ao entrar em estado de sono, o corpo está passando pelo ciclo de liberação de melatonina, mas não conseguimos aproveitar a que produzimos naturalmente, pois o cotidiano atarefado não permite que esse ciclo seja cumprido. E o que fazemos para conseguir passar pelo momento em que bate aquele sono? Tomamos café, energéticos e outros estimulantes para acordar. Quem nunca esteve tão cansado que nem sequer conseguia dormir? O sistema simpático foi tão estimulado e liberou tanta noradrenalina (neurotransmissor que regula a pressão sanguínea) que ainda está se regulando, o que acontece com quem sai para correr à noite e só consegue relaxar algumas horas depois ou tem um sono instável.

Já o parassimpático libera uma substância chamada beta-endorfina. Ela tem o efeito de causar a sensação de relaxamento e bem-estar. Quando ingerimos substâncias excitatórias, como cafeína ou taurina, por exemplo, o sistema é excitado e se acelera. Para manter a homeostase, o sistema parassimpático começa a liberar a beta-endorfina, contudo, esse é um processo que se dá em descargas e não aos poucos, o que gera uma queda brusca de atividade. É o caso da pessoa que, ao ser assaltada, na hora parece calma e reage com tranquilidade entregando a carteira, mas, assim que a situação acaba, desaba de exaustão pelo medo que passou, ou então os pais que assistem ao parto dos filhos e logo depois desmaiam; tudo isso é trabalho do parassimpático ao liberar descargas de beta-endorfina.

O parassimpático e o simpático ficam assim na gangorra, buscando o equilíbrio químico do corpo, e isso não se dá de maneira cartesiana e milimetricamente planejada. É normal verificar casos de pessoas que, em uma semana intensa de trabalho, cumprindo três períodos diários de atividade, acordam no sábado completamente inibidos, sem energia, com irritabilidade e até em estado deprimido. Ou depois de tomar muita "ina" (cafeína, a mais comum) no sábado à noite, acordamos "acabados", sentindo-nos deprimidos e com a energia lá embaixo. Isso também vale para o caminho inverso, depois de beber álcool – que é um inibidor – na noite anterior, acordamos ansiosos, com mais estimulação e tensão. O sistema tenta se autocompensar quando abusamos. Quem ultrapassa seus limites no domingo à noite chega na segunda-feira quase "possuído por um espírito da ansiedade", que já está olhando para a sexta e completamente tomado pela tensão, isso é resultado de desregular o sistema dopaminérgico no cérebro, muito provavelmente na terça-feira suas decisões estarão mais centradas e menos urgentes.

Já atendi muita gente que vive nesse ciclo de abalo do equilíbrio químico e vai buscar terapia para encontrar tranquilidade, confundindo os efeitos do desequilíbrio com depressão. Quando se faz uma análise detalhada da vida e da rotina dessa pessoa, podemos ver que muitas vezes basta regular o sono ou cortar hábitos como beber álcool depois das 16 horas no domingo para fazer com que se sinta melhor. Controlar a ansiedade na semana e na vida é uma ferramenta de manutenção de foco e significa controlar também uma regulação neurobiológica: o horário em que se dorme, pratica esporte ou estuda. A partir da homeostase, os picos de adrenalina seguirão picos de beta-endorfina e estados excitatórios serão inibidos.

Para manter o foco, é preciso pensar "Como devo controlar meu cérebro e tudo que essa questão implica? Quanto de café vou tomar? Devo beber na quarta à noite? O que funciona melhor para meu corpo? Quais são as dosagens e os horários que interferem diretamente na minha tolerância e na manutenção de foco?" Ao contrário do que as pessoas imaginam, estar muito motivado nem sempre é positivo, tomar litros de café é extremamente prejudicial, uma vez que logo depois de se motivar em excesso, surgirá o nervosismo, haverá uma queda, como no trabalho depois do almoço, e assim podemos gerar um estado deprimido (que não é a mesma coisa que depressão). No estado deprimido, você tem uma alteração de foco e a protelação aumenta. Tudo depende de equilibrar a energia nos sistemas simpático e parassimpático.

> Ao contrário do que as pessoas imaginam, estar muito motivado nem sempre é positivo.

Elementos que interferem na sua manutenção de foco:

TEMPO DE SONO
HORA DE DORMIR
CONSUMO DE ÁLCOOL
DIVISÃO DE TAREFAS EM PEQUENAS PARTES
PRIORIZAÇÃO DE PENDÊNCIAS
HORÁRIOS DE PICO DE PRODUTIVIDADE
HORÁRIOS DE ATIVIDADE FÍSICA
CONSUMO DE SUBSTÂNCIAS DE ADICÇÃO
CONSUMO DE ESTIMULANTES
CONSUMO DE REMÉDIOS

Todos esses fatores interferem em como você vai conseguir manter o foco, e não apenas estabelecê-lo. Diferentemente do que imaginamos, quando estamos muito motivados perdemos o foco com facilidade por causa do desequilíbrio que pode ser gerado.

Outro fator importante de manutenção do foco é conhecer nosso temperamento. Já falamos da diferença entre introvertidos e extrovertidos no capítulo 2. O temperamento da extroversão é altamente motivado pelo mundo externo, por fatores e pessoas que afetam e energizam o indivíduo, fazendo com que ele se sinta estimulado a realizar coisas diferentes. O extrovertido abre muitas frentes e muitos projetos para se sentir vivo. Uma anedota boa é que o extrovertido, se sair para caçar, vai levar milhares de ferramentas e utensílios, tirar muitas fotos e pode não voltar com nada: ele confunde atividades com resultados, fala antes de pensar no que falou. Isso demonstra que para ele, em muitos casos, existe mais dificuldade na manutenção de foco.

Já para o introvertido acontece o oposto, ele se motiva no mundo interno, de pensamentos, ideias e reflexões. A introversão o fará pensar o máximo que puder antes de abrir a boca para falar. O introvertido tem mais facilidade de cuidar de uma coisa de cada vez e manter o foco, daí vem boa parte da necessidade dele de ficar só, encontrar brechas sem interação social. Por temperamento, os introvertidos têm maior predisposição para a manutenção do foco. Curiosamente, a mesma área do cérebro que reage ao suco de limão responde à socialização. Explico: os introvertidos produzem mais saliva em contato com a acidez, e o mesmo se dá no contato com pessoas, na socialização, isso demonstra um dos muitos fatores do temperamento sobre o cérebro, como tudo em nós é interligado.

Aqui é interessante ligarmos o temperamento ao nosso ciclo da raiva. No mundo em que vivemos, estamos sempre vulneráveis a alguns gatilhos que atingem nossos sentimentos. Muita gente quase derrete de ódio quando pega trânsito intenso de manhã, enquanto outros aproveitam para ouvir música, comer ou elaborar a lista de afazeres do dia na maior tranquilidade. Nós somos compostos de uma soma de fatores emocionais e de descargas de noradrenalina e cortisol – o hormônio do estresse, o que mais adoece e deflagra predisposições como ao câncer, por exemplo. Cada pessoa é mais sensível a alguns estímulos em detrimento de outros. Se você não administra seu dia, vai aumentando a vulnerabilidade a esses pequenos gatilhos ao longo dele. E nesse ciclo da raiva, os estímulos vão se somando, como se cada acontecimento estressante fosse um pingo d'água que cai dentro de um copo.

Cada um armazena os gatilhos de estresse em lugares específicos, com sinapses formadas a partir da genética e das experiências, uma vez que os cérebros não funcionam todos da mesma maneira. Precisamos cuidar desses estímulos, e o autoconhecimento proporciona a habilidade de administrar o ciclo da raiva. A partir do ciclo da raiva, gerencie o que engatilha seu estresse e passe a monitorar os gatilhos do dia a dia. Isso vai ajudar, e muito, na manutenção do foco.

Para que isso aconteça, lance mão de técnicas para prorrogar seus desejos, a fim de que isso fique cada vez mais fácil. A fissura para os adictos tem duração de dez minutos com pico de três. E não esqueça que temos a mesma reação de um viciado com qualquer desejo. Ou seja, às vezes recebemos estímulos que nos tentam a sair do foco. Um exemplo: se você vai ao shopping comprar uma sandália, mas vê mil coisas que gostaria de comprar, o segredo é ganhar tempo para sair da espiral que o desejo gera: antes de adquirir tudo aquilo de que você não precisava, vá ao banheiro, dê um telefonema, solte-se do momento em que o pico de desejo acontece. Enquanto trabalha e vê que outras coisas assediam sua atenção, ganhe tempo, pratique esse desprendimento mais uma vez. Diga para si mesmo: "Depois eu faço essa pesquisa de preços de viagens" ou "Depois eu mando aquele recado para meu amigo", tire a urgência do desejo ganhando tempo, anote o impulso em um bloco de notas se necessário, tranquilize-se que "depois" aquilo será cumprido. O córtex trabalhará melhor segurando a amígdala. É só pensar nos Vingadores: a amígdala é o Hulk, enquanto o córtex é o Dr. Robert Banner. Controle o vício de mudar de foco, basta ganhar tempo.

> Não gaste suas oportunidades olhando para o chão, mas tenha a atenção no horizonte, para onde quer chegar.

Em um curso para pilotar motos *off road*, a primeira coisa que se aprende é que seu olhar precisa estar sempre no objetivo, aonde você precisa ir, no horizonte, não podemos dirigir olhando para o chão, ou seja, para o problema que acontece naquele exato momento. Deixar de olhar para o objetivo final é perder o foco, e perder o foco é sinônimo de perder o equilíbrio. Eu sei disso, pois já sofri um acidente de moto por esse motivo, estava no Chile fazendo uma excursão e, no momento em que parei de olhar para frente a fim de ver o chão, caí e perdi o veículo (ainda bem que foi tudo o que perdi). Depois disso, aprendi essa lição sobre a importância de ter um foco e conseguir mantê-lo: não gaste suas oportunidades olhando para o chão, mas tenha a atenção no horizonte, para onde quer chegar.

Resumo

- Para definir um foco, é preciso determinar com clareza quais são os alvos a serem atingidos.
- Manter o foco é diferente de ter foco, aprender a fazer escolhas é o que determina a manutenção do nosso foco.
- Para manter o foco durante o dia, você precisa criar uma tabela com o que precisa ser feito naquele dia e elencar uma ordem de prioridades. O segredo é começar pelo mais difícil.
- Para manter o foco, também é preciso cuidar do equilíbrio fisiológico; esteja atento aos seus hábitos alimentares e de sono.
- Conheça seu temperamento: se você é extrovertido, já sabe, por exemplo, que tem mais dificuldade de manter o foco em atividades que exijam maior concentração.
- Para manter o foco, não se esqueça do objetivo final; tenha-o sempre em mente.

6 Mapas
de percurso

Conversamos sobre a importância do planejamento e das ações e sobre como ter um objetivo claro em relação a aonde queremos chegar. Agora vamos pensar no percurso que deve ser traçado e como nos manter nele. Conhecer o mapa é tão importante quanto permanecer firme no que deve ser feito.

Os estudos sobre Transtorno de Déficit de Atenção com Hiperatividade (TDAH) demonstram que há uma deficiência no treino do córtex pré-frontal. Essas pessoas manejam diversas coisas ao mesmo tempo, no entanto, sentem dificuldade em terminar cada uma delas. A infância é a fase de diagnóstico mais comum de TDAH, mas existem muitos adultos que carregam os sintomas do transtorno sem saber disso. Esses sintomas vão interferir no foco, como já vimos no capítulo anterior, e no sistema de organização diária dessas pessoas. Eles podem ser encontrados em maior ou menor grau e dentro de um espectro de gradações próprias (em maior e menor intensidade). É a intensidade e a quantidade de sintomas apresentados por uma pessoa que apontam para a presença do TDAH.

Em geral, os diagnósticos englobam sete ou mais sintomas concomitantes. Devemos diferenciar personalidades mais ansiosas, ou a extroversão, ou temperamento do transtorno de atenção. Quem realmente tem o transtorno apresenta diversos sintomas em alta intensidade e precisa de acompanhamento profissional, pois a condição atrapalha muito a vida do indivíduo, causando sofrimento.

Para exemplificar como o TDAH funciona, trago um protocolo de aplicação para diagnóstico da doença que é muito curioso. Ele começa com um teste simples para crianças. Uma das questões é "Adivinhe quem está falando: sou redondo, montado em camadas, internacionalmente conhecido, estou em todos os países do mundo, e todo mundo me come ou já comeu". Alternativas: 1) pizza, 2) lasanha redonda, 3) ovo, 4) hambúrguer. Logo quando a criança com TDAH bate o olho na primeira alternativa, já afirma "Pizza!", mas esse prato não existe em todo lugar do mundo, a comida à qual nos referimos aqui é o hambúrguer. Assim, percebemos que existe uma dificuldade de seguir o caminho de toda a informação. Costumamos dizer que quem tem TDAH sai correndo para o caminho mais curto. É por isso que provas e trabalhos com crianças que têm transtorno de atenção requerem mais adaptação dos educadores: como dividir a atividade em três períodos, pedir para ler o texto antes das questões três vezes, tirar as dúvidas das crianças imediatamente no momento em que elas leem as provas.

Sempre trabalho em parceria com um psiquiatra, o doutor Gustavo Estanislau, que é especialista em TDAH, para atender os participantes dos treinamentos de executivos que aplico. Encaminho para ele empresários para avaliação e testes. Segundo informações levantadas pelo doutor Estanislau, o TDAH é estudado desde 1845, seus sintomas não são novidade e atingem em média de 5% a 8% das crianças, e 4% dos adultos. Por ser um transtorno cerebral, depende principalmente de predisposições herdadas, em média 77% da presença do TDAH se dá por fatores genéticos. Ao contrário do que se pensa, a causa do transtorno não é "falta de educação", mas pode ser falta de treino. Ele se apresenta na forma de desatenção, hiperatividade, impulsividade. Isso em um adulto resulta muitas vezes em um *workaholic* que tem necessidade de estar sempre ocupado, é excessivamente agitado, com a atividade intensa que pode até levar à tensão familiar. Falam demais e têm o âmbito social da vida prejudicado, assim como o acadêmico, apresentam pouca inibição do comportamento, demonstram emoções sem critério e acabam sendo vistos como egocêntricos e imaturos. O diagnóstico depende da quantidade de sintomas apresentados, da duração deles, da quantidade de ambientes em que eles se manifestam e do prejuízo que trazem para a vida do paciente.

Como vimos no exemplo do capítulo 3, a partir desses sintomas podemos perceber que um dos tratamentos mais comuns da área comportamental é o treino do córtex pré-frontal. Ao construir pequenas tarefas, funcionamos melhor do que se nos prendemos a um grande objetivo. Contudo, existem situações, como quando quem sofre do transtorno joga um jogo, por exemplo, em que essas pessoas são capazes de ficar atentas por um bom tempo. São afetadas por alguma coisa, mas o que esses jogos têm de tão interessante? Diversos pequenos desafios. Eles são criados para prender a atenção em breves momentos. Os produtores de jogos fazem cálculos para que a cada momento exista um desafio diferente, assim eles garantem que terão nossa atenção.

A função do mapa de percurso é, a partir de uma coisa maior, recortar o que precisa ser feito em prazos realistas, números possíveis e observando a ação. Desenvolver a capacidade de recortar as tarefas e cumprir a pequena sem olhar a grande, recebendo comandos de maneira mais clara. Como se treinássemos esse grande tutor que é o córtex pré-frontal a mapear as pequenas ações que levam ao desafio, à visão e a outros objetivos.

Mapear o percurso é uma das coisas mais efetivas para o treino do cérebro de uma pessoa com transtornos de atenção, assim ela será capaz de produzir resultados.

O que se descobriu a partir da observação dos tratamentos de TDAH é que nosso cérebro funciona à base de estímulo e resposta, de recompensas. Proponho então, neste capítulo, que façamos o mesmo com nossos objetivos. Todo objetivo precisa passar por um roteiro, pois é formado por uma sequência de trabalhos, de ações para se completar. Assim, no momento que um objetivo for completado, vem o próximo, e o outro logo depois. Muitas

> Ao construir pequenas tarefas, funcionamos melhor do que se nos prendemos a um grande objetivo.

vezes esses desafios acabam se acumulando e então devemos nos treinar a fim de monitorar seu desenvolvimento. Quanto mais aprendemos a manejar esses pequenos desafios, mais próximos estamos de onde queremos chegar.

Por isso é um mapa, ele traça uma localização e um fluxo de ações. Um trecho após o outro, uma curva depois da outra. Indo em uma direção específica. Agora sente e trace seu mapa. Onde você quer estar daqui a cinco anos? Para isso, o que você deverá ter conquistado daqui a quatro anos? Três anos? E assim vai...

Pegue um papel e uma caneta. No alto da folha escreva um objetivo. De trás para frente, um por um, como se fosse uma estratégia de planejamento de vida, descreva as ações necessárias para atingi-lo, essa ação passa a ser um exercício de antecipação e preparação para cada etapa. Vimos isso no capítulo 3, em que trabalhamos as visões arquetípicas e as futuras, mas agora nos referimos a outro tipo de mapeamento. Em curto prazo, no máximo de um ano, ou uma tarefa diária, ou um *check-list* para orientar uma equipe, ou a pauta de uma reunião, ou a preparação de um discurso. Esquemas, tópicos, divisão de ações, todos mapeiam o córtex pré-frontal, visualizando uma ligação lógica entre cada etapa do caminho.

Se continuarmos seguindo isso até chegar ao dia de hoje – um planejamento do futuro do ano, para tudo o que precisa ser realizado nos meses subsequentes, passamos a descobrir qual é a prioridade de hoje. O que deve acontecer no mês e na semana, até se tornar uma agenda diária que corresponde aos objetivos principais do período, que, por sua vez, seriam os do mês, ligados a visões preestabelecidas de um ano. O mundo acadêmico na área de administração chama isso de "Planos de Ação". O espaço da priorização nasce naturalmente a partir desse mapa, você sabe com clareza o que deve ser feito com prioridade. Seu cérebro agora ajuda você a se monitorar em pequenas etapas durante o caminho. Costumo brincar que afetação vem de afeto e, pensando assim, passamos a colocar nossa afetação não na preocupação futura, mas nas ações diárias ou prioritárias do mês.

A partir de agora sua vida passa a ser uma série de pequenos desafios e decisivas vitórias. Um após o outro, você vai conquistando naturalmente os pontos marcados desse mapa, e vai adaptando sua vida para que ela o leve exatamente às suas metas. As metas e os objetivos de curto prazo são importantes e devem ter duração de até um ano, pois se estabelecemos um intervalo maior do que esse, corremos o risco de desafetar os desejos.

Pode parecer diferente, contudo, é algo que você costuma fazer diariamente. Quando vai viajar, calcula suas roupas pensando no que fará. Ao ir ao supermercado, já sabe do que vai precisar e faz uma listinha. Ir às compras sem saber ao certo o que necessita é receita para gastar mais.

Isso porque o planejamento é essencial para uma estratégia eficiente de ação. Assim como citamos já no capítulo 3, durante o treinamento do Empretec utilizamos uma estatística da Universidade de Harvard, que mostrou em uma pesquisa que pessoas que escrevem esse mapa de percurso conseguem os resultados pretendidos em até 60%!

O poder de escrever está atrelado à capacidade de mentalização. Você consegue construir um caminho claro e se enxergar nele. Os problemas e os desafios aparecem antes e deixam você preparado. Você consegue antecipar e ordenar as ações, é o fim dos "chutes" e das "emergências".

O mapa do percurso é excelente para vários tipos de situação, de uma simples lista de supermercado até sua carreira. Inclusive diante daquelas que parecem urgentes e sem solução, mantenha a calma e organize-se. Nós já falamos sobre visão arquetípica, visão futura: não são a mesma coisa que um mapa de percurso, uma vez que as visões são pontos de chegada, os chamados "marcos" para você atingir durante o seu percurso, vamos entrar agora nas visões sistêmicas, ou no "como" atingimos esses marcos, os chamados "Planos de Ação".

> O poder de escrever está atrelado à capacidade de mentalização. Você consegue construir um caminho claro e se enxergar nele.

Conheci um empresário que em determinado momento chegou a ter 77 títulos protestados, estava muito endividado, o que atrapalhava demais a vida dele. Era um peso que carregava por uma série de problemas que precisavam ser resolvidos. Então, estipulou que dentro de um ano todos os títulos seriam liquidados. Está aí um bom exemplo de visão sistêmica.

Para traçar seu mapa de percurso (ou seja, sua visão sistêmica), ele levantou quais eram as dívidas e definiu uma ordem para o pagamento considerando as taxas de juros e a urgência de cada uma delas (claro que todas eram urgentes, mas era preciso dar ordem de prioridade). Ele traçou uma meta e um caminho. Foi pagando uma a uma de modo que a próxima já parecia ser mais tranquila. Antes do final do ano, ele já havia terminado com todas as fontes de dívidas e todos os problemas. A organização e a ação foram fundamentais para conquistar os desafios aos quais ele se propôs.

Isso porque, ao longo desse percurso, ele foi percebendo quais eram as questões fundamentais e quais eram os gargalos. Onde a empresa dele deveria crescer e se desenvolver. Onde as coisas não funcionavam e os motivos para aquilo que estava travado.

O desafio dele era enorme e, se ficasse apenas pensando na empreitada toda (e não nas partes), nunca teria conseguido. Desistir, vender a empresa, seguir um novo caminho talvez fosse o mais fácil. Entretanto, ficaria sempre aquela sensação de derrota, de não ter conquistado o que sonhou.

Trabalhar dessa forma faz com que o córtex pré-frontal segure as repostas impulsivas da amígdala e controle o medo do futuro, pois com o tamanho da tarefa e a sua urgência acabamos gerando um estímulo de ameaça, respondido imediatamente pela amígdala por meio do medo, de sensações de rejeição, de que não seremos capazes de terminar o que precisamos, assim ficamos em modo de "fuga", gerando travas comportamentais. Para isso, é fundamental determinar qual a real importância que cada coisa tem. E repensar quais dessas são impedimentos ou impulsos para sua conquista.

Desse modo surge uma possibilidade para construir uma nova escala de valores e importâncias entre aquilo que serve de motivador e o que bloqueia. Como em um mapa, quais são as estradas que levarão você mais perto, ou quais são os supostos atalhos que atrasam seu percurso, mesmo sendo atalhos. Um atalho pode se revelar uma grande encruzilhada, você acaba indo para o outro lado da vida, aquele que não queria de jeito nenhum.

Preste atenção na palavra "carreira", ela já está indicando um caminho. Pense aonde você quer chegar, passo a passo e "de trás para frente". Há uma rota clara a ser seguida e respeitada. Para pensarmos em um plano de ação ou mapa de percurso, portanto, na nossa visão sistêmica de vida, o que devemos fazer agora é a Roda da Vida, uma das ferramentas mais efetivas e utilizadas na área de *coaching*. Agora, sua vez de preenchê-la:

Reflita sobre cada área de sua vida e complete os campos da Roda da Vida considerando que quanto melhor preenchido, mais bem resolvido estará cada campo; e o inverso serve para os aspectos que precisam ser trabalhados em você.

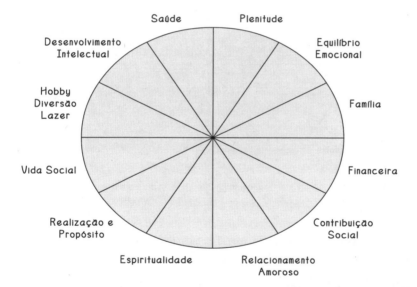

Agora, na segunda roda, preencha como você quer que sua vida seja. É possível materializar sensações confusas no seu córtex, você pode organizar as coisas de maneira categorizada nas áreas da sua vida. Cuidado para não cair no senso comum, que sempre vai pedir que você mantenha tudo praticamente igual,

> Cuidado para não cair no senso comum, que sempre vai pedir que você mantenha tudo praticamente igual.

pois esse exercício não é para estabelecer um equilíbrio na roda, e sim para enxergar o que você gostaria de melhorar com ações específicas. O senso comum pede equilíbrio, no entanto, você deve se apropriar dos caminhos aos quais quer dar prioridade. Talvez a religião seja irrelevante, ou o momento seja de focalizar o trabalho e não a vida amorosa.

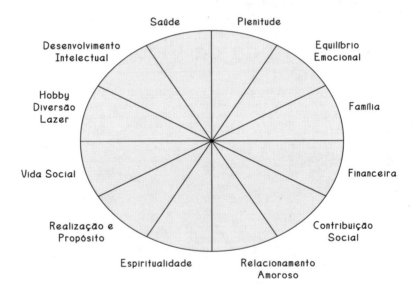

A partir desse exercício que fez agora, liste na tabela a seguir uma série de aspectos que você quer melhorar neste ano.

Já na questão da carreira, podemos pensar primeiramente sobre o que é carreira para você, e como vai priorizar na sua vida ações relacionadas a ela. Isso também pode fazer parte da sua visão sistêmica ou Plano de Ação. Ao pensar nisso, Donald Super, um dos maiores teóricos de desenvolvimento de carreira, criou a sobreposição dinâmica entre os estágios da vida, o ciclo biossocial do indivíduo e seu ciclo familiar (ou de procriação). São as fases de desenvolvimento de uma pessoa desde o momento em que ela nasce e o que cada uma dessas fases exige dela. Olhe para as informações a seguir e considere: em qual você está?

De 0 a 14 anos (Crescimento)
- Passar a considerar interesses e habilidades
- Reflexões são feitas com base na fantasia
- Aquisição da fala
- Socialização primária e secundária (família, vizinhos, ingresso escolar)
- Ampliação da rede de contatos
- Puberdade
- Primeiras informações sobre trabalho
- Dependência e adaptação ao ambiente familiar
- Aprendizado da independência e domínio do ambiente

15 aos 24 anos (Exploração)
- Período rico em experiências pessoais e série de descobertas
- Ensaios de desempenho de papéis profissionais
- Explosão de raciocínio lógico e crítico
- Identificação de interesses e habilidades
- Momento de se lançar no mercado de trabalho
- Questões sobre o lugar que quer ter quando adulto
- Grandes questionamentos sobre a identidade
- Escolha de um curso acadêmico e de uma carreira da qual "pensa gostar"
- Dependência parcial da família
- Balanceamento entre certeza e incerteza
- Administração das questões afetivas e relativas ao sexo
- Decisões sobre casamento

25 a 44 anos (Estabelecimento)
- Os ensaios profissionais conduzem, em geral, a uma escolha mais estável e com especialização
- Ao final desse estágio pode ocorrer questionamento sobre o rumo da carreira e possíveis reescolhas
- Retomada de projetos antigos
- Aprendizado da vida a dois
- Estabelecimento de residência autônoma
- Decisão sobre filhos
- Ajuste emocional à educação dos filhos
- Reavaliação de valores e decisões sobre a vida pessoal

45 a 54 anos (Manutenção/Permanência)
- Grau crescente de especialização profissional
- Papel de aprendiz somado ao de educador ou aconselhador
- Ajustes às necessidades de independência dos jovens, por exemplo, filhos
- Confronto com a própria adolescência na cobrança proveniente dos filhos
- Preparação para a saída dos filhos de casa
- Revisão de autodesenvolvimento

65 em diante (Desaceleração/Retirada)
- Diminuição do volume de atividade
- Mudanças na característica principal da vida profissional (como o cirurgião que perde destreza e se torna supervisor)
- Reestabelecimento das relações com crianças e revisão da relação com os filhos
- Desenvolvimento do papel de orientador
- Reavaliação da relação com a família

No exercício que vem a seguir, você trabalha esses estágios em ações planejadas ainda para este ano. Você se torna capaz de transformar sua postura diante de cada coisa. Sua mente está fechada em cada um desses desafios, e você se adapta e se transforma para cada um deles.

O planejamento de um mapa de percurso é a chave do sucesso para diversas situações. Eu, por exemplo, que já dei muitas palestras para milhares de pessoas e diferentes públicos, sei que, quando estou em uma reunião com uma diretoria, devo falar o mais corretamente possível. Ao mesmo tempo, estou consciente de que quando minha plateia é mais nova, fica melhor falar "mais solto", usar gírias. Ter uma postura mais relaxada não prejudica minha imagem, porque o foco é conseguir "falar a mesma língua" desses jovens. Desse modo eles conseguem se identificar comigo e ouvir o que tenho a dizer. Meu objetivo foi conquistado e é isso o que importa.

Isso representa o planejamento que foi posto em ação. Pense em seu mapa. Quais são suas paradas e quais são seus caminhos? Onde você vai precisar estar e quem você precisará encontrar? O principal ponto do nosso treinamento está em pensar para agir. Agir com um objetivo. Superar cada obstáculo e comemorar cada vitória.

O mapa de percurso tem de abranger o período de um ano, apoiando-se nos *insights* da Roda da Vida, nas fases de carreira e nas visões futuras, já construídas no capítulo 3 (parece muita coisa, entretanto, conforme você monta cada um, verá que tudo se completa e trabalha junto). Não se esqueça de aplicar a técnica de orientação para resultado: monte as ações usando a estrutura **verbo de ação no infinitivo + padrão de número (quantidade) + parâmetro de tempo (sem passar de 25% de variação)**. Lembre-se de que essas visões devem ser construídas no âmbito pessoal e profissional separadamente.

Certa vez passei por um momento de decisão na marca de roupa que tenho com dois sócios. O sócio responsável por toda a operação – o Mauro – decidiu que deveria retirar o ateliê de Florianópolis e transferi-lo para São Paulo. O ateliê cuida do tecido desde que ele vem da fábrica, trata-o antes de costurá-lo, faz os moldes,

> O principal ponto do nosso treinamento está em pensar para agir. Agir com um objetivo. Superar cada obstáculo e comemorar cada vitória.

encaminha para costureiras terceirizadas, embala e etiqueta as roupas e as prepara para distribuição. Portanto, desmontar um ateliê não é uma tarefa simples, exige diversos estágios de ação.

Ao decidir uma visão futura, usando a técnica de orientação para resultados (OR), organizamos: "Desativar o ateliê em Florianópolis – de 15 de janeiro a 30 de março – gastando de 20 mil a 24 mil reais". Isso é uma visão futura que deve acontecer ainda neste ano. No entanto, para que ela se complete, entra a visão sistêmica, que define quais ações ou "como" isso será feito. Dessa forma, nasce um mapa de percurso. Vamos seguindo o exemplo:

1) comunicar as oficinas de costura (de 15 a 20 de janeiro), reduzindo em 50% a produção no primeiro mês até zero com prazo de 10 de março;
2) identificar um imóvel na cidade de Sorocaba com X, Y e Z características. De 15 de janeiro a 15 de fevereiro. No valor de cinco a seis mil reais de aluguel;
3) orçar em três transportadoras o valor de retirada de todos os móveis e equipamentos entre 20 e 30 de janeiro;
4) fazer a mudança entre 10 e 20 de março.

Perceba que uma visão futura puxa várias visões sistêmicas, são as ações que serão decisivas para que o objetivo seja atingido. E, muitas vezes, elas são tão desafiantes quanto a visão futura. Boa sorte no seu exercício de visão sistêmica!

> Perceba que uma visão futura puxa várias visões sistêmicas, são as ações que serão decisivas para que o objetivo seja atingido.

Não se preocupe com a prioridade, ordem cronológica, senão você corre o risco de confundir ainda mais o córtex pré-frontal e acabar travando. Primeiro ponha tudo no papel com técnicas de OR. Apenas depois disso priorize as ações por números, dando uma ordem para elas. Em geral, uma visão futura carrega até oito visões sistêmicas, ou somente duas.

Objetivo 1: aprender a falar inglês
Primeiro ano: até novembro de 2014.
Cursar inglês duas vezes por semana.

Ação	De	Até
Passo 1: identificar três escolas de inglês e cotar seus preços.	10/dez/2013	10/jan/2014
Passo 2: fazer a matrícula e iniciar os estudos.	10/jan/2014	20/jan/2014
Passo 3: manter 90% de frequência e fazer no mínimo 80% dos trabalhos.	20/jan/2014	30/out/2014
Passo 4: estudar para a prova de nível intermediário cumprindo duas horas a mais de estudo por semana durante um mês.	1º/nov/2014	20/nov/2014
Passo 5: fazer a prova de nível intermediário, tendo a pontuação entre sete e nove.	20/nov/2014	30/nov/2014

Objetivo 2: trocar de emprego na área de Economia por um salário 25% maior
Primeiro ano: até janeiro de 2015.

Ação	De	Até
Passo 1: fazer cursos de extensão em Excel avançado.	1º/dez./2013	1º/fev./2014
Passo 2: participar do Congresso dos Economistas e fazer novos contatos.	1º/fev./2014	30/abr./2014
Passo 3: fazer novos contatos e *follow ups* com os contatos do congresso.	30/abr./2014	1º/nov./2014
Passo 4: cadastrar-me em sites de vagas de empregos na área e enviar meu currículo para as que me interessarem.	1º/nov./2014	30/nov./2014
Passo 5: fazer no mínimo 4 novas entrevistas.	1º/nov/2014	15/dez/2014

Essa é a parte mais delicada, porque existe um esforço que será justamente o treino do córtex pré-frontal do qual tanto falamos. Então, não tente fazer isso de uma vez só se você não tem experiência em montar esses planos de ação. Reserve durante o mês três a quatro sessões de aproximadamente uma hora e meia a duas horas. Por exemplo: "Construirei a visão sistêmica toda segunda-feira e toda sexta-feira pela manhã". Sugiro que seja no começo do dia, quando temos mais energia e nos dedicamos com mais afinco. Aprenda a prever seus desafios e visualize-se neles. Supere os desafios antes mesmo que eles existam. Isso é preparação, portanto, liste o maior número de visões futuras e monte os planos de ação (visão sistêmica) de cada uma delas, sempre e somente dentro de um ano, pois as visões sistêmicas são válidas somente no primeiro ano da ação.

Lembre-se de que a mentalização vai preparar você para cada passo do caminho. Ao saber o que você deve fazer, sua mente já o coloca nesse lugar. Preste atenção em como você está se sentindo, do que está precisando. Esse *neurofeedback* é o que vai prepará-lo para cada momento. O mapa de percurso é a maior orquestração do cérebro no estabelecimento de objetivos e na manutenção mensal. Não desanime, se não foi possível realizar todas as ações no intervalo de um mês, realoque-as e tenha a humildade de flexibilizar seus objetivos quando enxergar que não está dando conta.

Saiba do que é capaz. Localize o que você precisa ainda aprender ou treinar. E fique de olhos e ouvidos bastante abertos para conseguir adaptar-se ao longo do caminho. A rota do seu percurso é soberana. Entre problemas e acertos se apegue a ela, pois acreditar nela é acreditar em si mesmo.

A Psicologia é dividida em várias áreas, e cada uma defende um tipo de orientação. Academicamente, isso é chamado de Epistemologia (a teoria do conhecimento, de onde parte o pensamento). Uma dessas áreas, chamada behaviorismo (comportamentalismo) ou a terapia comportamental cognitiva, ou a nova terapia comportamental dos esquemas, que é focada no novo inconsciente, não se apoia no passado, como a Psicanálise, que trata de como podemos melhorar o presente e o futuro ressignificando nosso passado, mas atua no aqui e agora e daqui para a frente, atendo-se a dados da realidade atual e essencialmente propondo experimentações. Aprendemos na universidade a ajudar a retirar os problemas do caminho das pessoas e a pôr o indivíduo em experimentações realistas como novas tarefas possíveis. E é justamente aí que reside a força dos psicólogos comportamentais.

Uma profissional atendia um grupo de seis mulheres religiosas que se reunia durante uma tarde por semana; curiosamente, no dia desse atendimento do grupo ela entrava em seu vestiário e vestia uma saia mais comprida e uma blusa sem decote. Quando analisamos a situação, podemos pensar que ela está sendo falsa ou que pode estar mentindo sobre a própria personalidade. No entanto, não se trata disso, ela apenas reconhece que, se estiver vestida do jeito de sempre, pode dificultar a entrega e a confiança desse grupo, do qual precisa tratar. Ela se orienta para retirar o problema da situação e não para inserir novos problemas. Se lhe perguntarem, ela vai responder a verdade, que está vestida desse modo para não criar reações que impeçam a evolução do tratamento.

Quando pensamos na Psicologia Comportamental, é interessante transpor esse raciocínio para outras situações, questionando: "De onde ainda posso retirar os problemas?". Temos o exemplo de um menino de 7 anos cujos pais eram separados. Ele morava com a mãe, que havia se casado de novo. Na casa da família, vivia também o cunhado da mãe, irmão do padrasto. A mãe tem mais um filho do novo casamento e o menino começa a ficar irritado com o passar do tempo, levando a mãe a buscar terapia. Quando um terapeuta comportamentalista analisa essa situação, ele olha as contingências, o entorno. Na investigação descobriu-se que, às terças e às quintas-feiras, quando ficava em casa à tarde, o garoto andava de bicicleta no quintal de casa, dias em que o irmão de seu padrasto vinha do trabalho de vigilância de noite e estacionava o carro nesse lugar. Ocupada com o bebê, a mãe não estava mais disponível para dar atenção ao menino ou para ver isso. Em vez de pensarmos no "porquê", podemos analisar os dados de realidade. A solução direta foi pedir duas tarefas para a família: comunicar o cunhado que às terças e às quintas-feiras ele não poderia guardar o carro na garagem e pedir à mãe que, três vezes por semana, dedicasse uma hora para ler, brincar, ver um filme, enfim, passar um tempo com o filho mais velho. Em quinze dias a irritabilidade da criança acabou.

Um comportamentalista atua diretamente no problema, e é isso que estamos propondo aqui com mapas de percurso. Os planos de ação na área profissional devem considerar não idealizações, o que poderia ser diferente num mundo ideal, mas ações concretas e reais que possam ser executadas e testadas. Algo que nos ajuda a responder a essas questões sempre que aparece um problema é estabelecer os seguintes pontos:

1) O que pode ser feito?
2) O que eu gostaria que fosse feito?
3) O que não dá para fazer?

Isso pode ajudar a orientar o plano de ação para aquilo que *dá*, que é possível. Porque o que "gostaria" e o que não "dá" podem inserir mais problemas em vez de retirá-los. Seja objetivo, pense de maneira simples e atue em pequenas tarefas e ações. Um líder, ao usar esse conceito, divide as tarefas e delega com especificação. Cobre-se em prazos reais. No trabalho, isso se traduz fragmentando as ações com prazos e números construídos com sua equipe. Essa técnica pode ser um *check-list* diário, um plano de ação anual ou um plano de ação mensal. Pense de maneira sistêmica naquilo que interfere em seus planos e no primeiro passo por onde começar. E lembre-se da famosa frase do pensador chinês Lao Zi (ou Lao-Tsé): "Uma jornada de mil milhas começa com um único passo".

> Seja objetivo, pense de maneira simples e atue em pequenas tarefas e ações.

Resumo

- Para montar o mapa de percurso, pegue um objetivo maior, recorte o que precisa ser feito em prazos realistas, números possíveis e observando sempre a ação que deve ser feita em seguida.

- Donald Super pensou na vida do indivíduo como um percurso sobrepondo os estágios da vida, o ciclo biossocial de indivíduo e seu ciclo familiar (ou de procriação). Tente sempre considerar em qual deles você está.

- Uma visão futura puxa várias visões sistêmicas, são as ações que serão decisivas para que o objetivo seja atingido.

- Para que o mapa de percurso seja efetivo, tente sempre simplificar, questione: "De onde ainda posso retirar os problemas?".

7 Expectância e drive

"Algo tão pequeno como o bater de asas de uma borboleta pode causar um tufão do outro lado do mundo."

Quem assistiu ao filme norte-americano *Efeito borboleta*, que teve bastante repercussão em 2004, ano de seu lançamento, provavelmente se lembra da frase que inicia o presente capítulo. Nesse grande sucesso do cinema, a metáfora que relaciona a delicadeza de uma borboleta ao poder destrutivo de um tufão é usada para ilustrar a teoria do caos, que, basicamente diz que uma pequena mudança no início de algum evento pode parecer insignificante, contudo, tem potencial para provocar consequências grandiosas e imprevisíveis no futuro. Essas consequências podem ser positivas ou negativas. Parece assustador, não é? Contudo, é simples perceber como essa teoria é verdadeira.

Imagine que você é um estudante que passa pelo tão temido período dos vestibulares. Depois de tanto esforço durante aquele ano, chega o grande dia: o dia em que você vai prestar a prova para concorrer a uma vaga no curso de Administração de Empresas de uma renomada universidade pública. A prova tem início às 13 horas, entretanto, você coloca o despertador do celular para tocar às 9h30, que é para conseguir fazer tudo com calma e não se deixar levar pelo desespero da correria. Acontece que a tecnologia falha, como acontece de vez em quando: o celular não desperta e você acorda atrasado, lá pelas 11h30. Ok, ainda dá tempo de chegar. Então você se arruma, sai de casa, enfrenta um pequeno congestionamento e chega a dez minutos do fechamento dos portões. "Ufa, foi por pouco!", você pensa. Ansioso para fazer o teste, porém relativamente aliviado por ter chegado a tempo apesar do imprevisto, você entra na sala de prova. Na hora em que o inspetor pede seu documento, você coloca a mão num bolso, coloca no outro, abre a carteira e... Percebe que esqueceu o RG em cima da mesa de centro da sala. Sem documento, o aluno não faz a prova – as regras eram bem claras na ficha de inscrição. E aí você é obrigado a voltar para casa carregando o peso de uma grande decepção nas costas – afinal, aquela era a única prova que você ia prestar naquele ano. Agora, só lhe restava fazer pelo menos outros seis meses de cursinho para não ficar ainda mais atrás na corrida em busca do seu grande sonho. Complicado, não é? E quem diria que uma simples falha tecnológica poderia interferir com tanta intensidade na sua vida?

Esse é um exemplo simples, mas esclarece bem o tal efeito borboleta. Você deve estar se perguntando: por que estamos falando de efeito borboleta a essa altura do campeonato? Certamente a sua vida é cheia de escolhas. Um exemplo: se até aqui você construiu uma carreira sólida foi porque, em determinados momentos da sua trajetória, escolheu abrir mão de uma festa para estudar as tendências de mercado. A carreira dá certo quando é priorizada, quando há esforço sobre ela. Enquanto todo mundo estava se esbaldando de tanto se divertir, você estava concentrado em seu propósito, que era abrir seu negócio. É possível que, se tivesse cedido à tentação de ir àquela festa divertidíssima, cheia de gente bonita, de bebida e de música boa, você não tivesse tido o *insight* para

> A carreira dá certo quando é priorizada, quando há esforço sobre ela.

aquele novo nicho de mercado que descobriu. Então, continuaria infeliz no seu antigo emprego, obedecendo a ordens com as quais você não concordava e trabalhando com um produto no qual não acreditava. Viu como um acontecimento à primeira vista insignificante pode mudar uma história toda?

No primeiro caso que contei, a falha do despertador do celular, que equivale ao bater de asas da borboleta, é um fator inerente a você. É certo que você poderia ter programado mais de um despertador, mas como o dispositivo não costuma dar problema, você confiou na tecnologia. Já no segundo caso, em que o bater de asas pode ser comparado à sua decisão de não ir àquela festa maravilhosa, você foi o grande responsável pelo que decorreu da sua escolha e, é claro, nada poderia garantir que aquela seria a noite em que sua pesquisa o levaria para a grande ideia da sua vida, no entanto, escolher essa aposta pela sua carreira fez a diferença. E aí entra um conceito extremamente importante no mundo do empreendedorismo, que é a palavra *drive*. *Drive*, em inglês, significa dirigir e também serve para expressar um ímpeto, um impulso. Quando você dirige alguma coisa, como um automóvel ou um filme, por exemplo, presume-se que está no comando, que as coisas vão acontecer da maneira como você conduzir. Que cabe a você desviar dos buracos da estrada, no caso de um carro, ou pedir aos atores que interpretem determinada cena com dramaticidade capaz de emocionar os espectadores, no caso de um filme. No mundo do empreendedorismo, o *drive* também está diretamente relacionado a você: é a capacidade que você tem de dirigir a própria energia, pegar o impulso e a capacidade de segurá-lo, apontando-o para onde estiver seu alvo.

Até assistir a um documentário sobre os pilotos da Lufthansa, considerados os mais bem pagos e mais bem preparados do mundo, muitas vezes eu tomava a atitude deles por arrogância, pois ao encontrá-los a sensação era de

> No mundo do empreendedorismo, o *drive* também está diretamente relacionado a você: é a capacidade que você tem de dirigir a própria energia, pegar o impulso e a capacidade de segurá-lo, apontando-o para onde estiver seu alvo.

que estava diante de protótipos de presidentes da república. Eles são tão profissionais que, no vídeo, uma câmera mostrava o que acontecia dentro da cabine do avião, e o que acontecia com os passageiros em um Boeing que se aproxima para pouso no aeroporto de São Francisco. É preciso mencionar, porém, um detalhe muito importante: isso ocorreu durante a maior tempestade de granizo da história da Califórnia.

Os pilotos não demonstravam o menor sinal de alteração, não suspiravam, não faziam exclamações, nem gritavam uns com os outros, tinham foco absoluto em colocar a aeronave no chão e não prestar atenção no transtorno pelo qual estavam passando. Permaneciam em silêncio enquanto cumpriam o procedimento da operação, o foco era pousar a aeronave. Nem se desesperar, nem se deixar levar pela situação. Ou seja, havia um momento turbulento ao extremo (em todos os sentidos), mas eles estavam emocionalmente preparados para passar por isso sem se apegar ao que havia de ruim ou tenso naquela situação. O que eles precisavam fazer? Pousar o avião. E essa informação era tudo.

O mundo é um grande celeiro de possibilidades. Você pode ir à praia e curtir um sol, como pode ficar na sombra. Você pode ligar o rádio e ouvir notícias ou escutar uma música. Você pode ir à padaria pela manhã e tomar um café ou um suco de laranja. Assim como você pode, às vésperas de uma palestra importante, sair para jantar e tomar um vinho ou ficar concentrado em fazer pequenos ajustes na apresentação e realizar exercícios de mentalização para que o evento seja um sucesso. É aí que está a importância de desenvolver o *drive*. Tem uma reunião importante amanhã, às 8 horas? Então é provável que hoje não seja o melhor dia para você ir à balada. Tem prazo de 24 horas para desenvolver um projeto que será apresentado para a presidência da empresa? Então é importante que, nessas 24 horas, você trabalhe arduamente. É claro que vai sentir vontade de dormir – afinal, estar descansado é um registro atávico, como já falamos neste livro. Contudo, o seu *drive* é o que vai impulsioná-lo a tomar um café para despertar e continuar progredindo no projeto e esperar para descansar de maneira adequada no dia seguinte. Na maioria das vezes, o que impulsiona o *drive* é a capacidade de dizer não. Se algum amigo me convida para sair hoje à noite e eu preciso terminar de escrever meu próximo livro, devo ter o pulso firme para dizer não.

De 1993 a 2002, durante nove anos, trabalhei como entrevistador para um programa chamado Empretec, desenvolvido para a Organização das Nações Unidas, que usava o Sebrae como veículo no Brasil. O programa era credenciado diretamente pela ONU no Brasil e eu tinha a responsabilidade de atuar como instrutor no programa e de formar selecionadores. Para isso, desenvolvi um programa chamado Programa Integrado de Formação no Empretec (Pife), e com ele qualifiquei cerca de quatrocentos instrutores e mais de 120 selecionadores em metodologias distintas.

> Se algum amigo me convida para sair hoje à noite e eu preciso terminar de escrever meu próximo livro, devo ter o pulso firme para dizer não.

Na parte da capacitação dos selecionadores, o programa durava três dias de imersão para desenvolver a capacidade de utilização de um método chamado "entrevista enfocada", com tempo aproximado de uma hora em que era aplicado o Teste de Incidente Crítico (TIC, de Flannagan), e a partir da qual se obtinha um perfil comportamental no modelo da matriz usada no programa Empretec.

Com isso, apliquei cerca de duas mil entrevistas a CEOs, empresários e diretores de empresa, tanto no programa Empretec quanto nos arranjos produtivos locais da Federação das Indústrias do Estado de São Paulo (Fiesp) e da Federação das Indústrias do Estado de Santa Catarina (Fiesc), onde fui responsável pelo manejo comportamental de donos de empresa, com duração de doze a dezesseis meses de intervenção. Foram oito Arranjos Produtivos Locais (APLs). Os APLs são regiões que, graças a um conjunto de fatores econômicos, sociais e políticos semelhantes, apresentam o desenvolvimento massivo de determinada atividade econômica ou de atividades econômicas correlatas – ou seja, que tenham entre si algum vínculo no processo de produção. No Brasil, há 957 desses polos produtivos. A cidade de Mirassol, no interior do estado de São Paulo, por exemplo, é uma APL de móveis populares. Há aproximadamente setenta empresas do segmento localizadas lá. Realizei esse trabalho em São Paulo e Santa Catarina, e cerca de quatrocentos donos de empresa passaram pelos *workshops* de dois dias de imersão mensalmente, durante alguns meses.

A partir das cem primeiras entrevistas, comecei a reparar que havia um padrão nas pessoas que davam certo e eram mais bem-sucedidas. Com a autonomia que tinha na aplicação desse processo, resolvi inserir uma nova pergunta ao final da entrevista: "A que você atribui seu sucesso de hoje ou seu crescimento?". Em 1.200 casos, a resposta passava por significantes diferentes, mas que traduziam o mesmo significado: duas coisas eram vistas como decisivas, **a importância de dizer não** e **a capacidade de aprender com os erros**.

Foi nesse momento que me interessei em estudar na literatura do empreendedorismo um termo que se repetia em 22 dos 73 estudiosos internacionais sobre empreendedores, que utilizei na implementação da transversalidade empreendedora no Brasil no ano 2000 (um programa para o ensino médio/técnico a pedido do MEC): essa palavra era *drive*. Portanto, é de suma importância saber negar quando essa for a escolha que o conduzirá até seus objetivos. É essencial ter em mente que, na maioria das vezes, atingir objetivos requer certos sacrifícios em prol de um resultado maior.

O *drive*, como já conhecemos, é a capacidade de direcionar a própria energia. Na maioria das vezes, estamos com a energia voltada para os próprios objetivos – afinal, cada um de nós é responsável pela condução da sua vida. Contudo, há situações provocadas pelos outros que testam nosso *drive*. Certa vez, eu estava em um tradicional bloco de carnaval em Florianópolis, com minha esposa e alguns amigos. Sandra, mulher de um amigo meu, tem síndrome do pânico acompanhada de agorafobia – que é o medo de multidões. Assustada com o número de pessoas que pulavam carnaval nas ruas, ela teve uma crise e ficou desesperada. Era um mar de gente à nossa frente e outro mar de gente atrás de nós, portanto, ela não teria como se esquivar da multidão. Tão logo ela começou a se sentir mal, minha esposa, que também é "psi", tomou o controle da situação.

— Olhe para mim, Sandra. Nada vai acontecer. Está tudo bem. Respire, e vamos andando. Respire e venha comigo. Olhe para mim. Não tire os olhos de mim.

Nesse momento, ela canalizou sua energia para resolver um problema imediato. De nada adiantaria pensar no que ela estava perdendo. Por mais que sua marchinha favorita estivesse tocando naquele momento, não conseguiria aproveitar sabendo que Sandra não estava bem.

Dirigir a própria motivação é concentrar-se e cuidar dos efeitos desencadeantes de uma escolha, seja boa seja ruim. Talvez levar uma pessoa que tem agorafobia para um carnaval de rua não tivesse sido a mais prudente das ideias. Entretanto, no instante, não nos cabia arrependimento com relação ao que já havia acontecido. Só nos restava não perder de vista nosso objetivo e remediar a situação.

Uma boa oportunidade de observar a dinâmica do *drive* é o que chamei de "expectância" – uma palavra que não existe no nosso dicionário, mas que tomei a licença poética e metodológica de criar, pois traduz derivações do *drive*, como algo maior que o comprometimento e a persistência.

A **expectância** é a capacidade que um indivíduo tem de se comprometer com as próprias expectativas e com as que ele gera em terceiros. Por exemplo, se falamos para nós mesmos que ainda vamos levar nossos filhos à Disney, não importa quando, mas uma expectância alta dirige a energia para que um dia façamos isso. Ou como quando prometemos a alguém: "Eu ainda vou sair para pescar com você". A expectância é uma autocobrança interna que uma pessoa pode desenvolver para não prometer a si mesma nem a terceiros coisas que não serão cumpridas. Ao gerar a expectativa em si e no outro, a certeza dos outros e de si mesmo é de que isso ainda vai acontecer, não importa quando.

Eu vi um caso ótimo no programa *Supernanny*, cuja versão original, idealizada na Inglaterra, é transmitida pelo canal fechado GNT. Jo Frost é a protagonista do *reality show*, uma educadora chamada para avaliar e propor melhorias em círculos familiares muito conturbados em decorrência do comportamento inadequado dos filhos. Um episódio me chamou muito a atenção. Era uma família de pais jovens – ela tinha 26 anos, e ele, 29. Toda a dinâmica da casa girava em torno da filha mais nova do casal, Skyler, de apenas 4 anos. Extremamente desobediente, manhosa e agressiva, a menina iniciava uma verdadeira guerra todas as manhãs para acordar, arrumar-se e ir à escola. Não queria levantar, não queria

> A expectância é a capacidade que um indivíduo tem de se comprometer com as próprias expectativas e com as que ele gera em terceiros.

se vestir e chegava a agredir a mãe fisicamente, com tapas, puxões de cabelo, mordidas e chutes. O casal também tinha um menino de 7 anos, Frank, mas como quem de fato dava trabalho era a menina, eles não davam a atenção necessária ao filho, que vivia bastante isolado mesmo no ambiente familiar. Para resolver a situação, Jo primeiro fez os pais admitirem que Skyler, mesmo tendo apenas 4 anos, era quem comandava a casa, que de nada adiantava eles serem os adultos e terem renda se, na verdade, toda a sua rotina era comandada pelos caprichos da filha.

A partir disso, o passo seguinte foi incentivar os pais a tomar o poder de volta, graças ao estabelecimento de uma rotina diária, em que os filhos teriam de escolher à noite a roupa que vestiriam no dia seguinte e arrumarem-se sozinhos ao amanhecer. Jo também destacou a importância de os pais se aproximarem socialmente dos filhos, estabelecendo mais vínculos a partir de expectativas geradas durante o desenrolar do programa, em vez de apenas dar-lhes atenção nos momentos de crise, assim diminuindo a posição parental – não basta ser pai, tem de participar. Se a menina não quisesse se vestir para ir à escola, ela iria de pijama, mas não deixaria de frequentar as aulas. Isso nada mais é do que retomar o controle da casa – ou seja, retomar o *drive*, corresponder a novas expectativas e promessas junto com Jo na direção do que precisa ser controlado. É claro que – assim como em todos os episódios de Supernanny – os pais enfrentaram grande resistência às mudanças que impunham, mas foram instruídos a não fraquejar, nem mesmo por um segundo, nem mesmo com o olhar ou o tom de voz. Aquilo que está sendo direcionado para os filhos precisa ser cumprido, isso é expectância.

Como já mencionamos, na área da Psicanálise os limites são importantíssimos na criação dos pequenos. Uma professora uma vez me apresentou a seguinte metáfora: os limites são a grade do berço. Limites são importantes, e saber conviver com a frustração é essencial. Um pai para ser pai não precisa agradar todo o tempo nem ficar bravo todo o tempo, basta sustentar o limite das regras – o que é diferente de rigidez – e a convivência com a frustração. A menina do programa estava desenvolvendo personalidade próxima à de um psicopata. Não possuía limites e tiranizava todas as autoridades da casa chorando, esperneando e promovendo o caos. De modo curioso, existem estatísticas que mostram que as cadeias nos Estados Unidos possuem infinitamente a menor incidência de psicopatas negros do que de homens brancos. Isso se dá porque a figura da mãe negra norte-americana (seja mãe, tia, ou avó, a figura de autoridade feminina de modo geral) instala limites mais firmes a partir de sua tradição cultural. A grade do berço é a capacidade de estabelecermos para nós mesmos a convivência com uma boa frustração, faz parte da vida, não dá para ter tudo, existe momento certo para cada coisa. Sustentar o "não" é o mais importante de tudo – a nós mesmos, afinal de contas, disciplina é liberdade.

A partir do momento em que você toma o controle e usa o *drive* e a expectância a seu favor, não fraqueja mais. E não esmorecer diante do desafio proposto já é boa parte da vitória. Muito vai dar errado, e mais ainda pode dar certo, porém o importante é sustentar os limites para atingir os desafios e seu foco. É isso que vai fazer a diferença no desafio.

Da mesma maneira como quando está dirigindo numa estrada rumo à praia, é essencial ter foco para que você não pare na primeira cachoeira que permeia o caminho. Mais importante do que nos ajudar a chegar ao nosso objetivo, o *drive* e a expectância são o que nos possibilita seguir uma rotina sem ponderar quão cansativa ou repetitiva ela é. A rotina, apesar de ser associada a tédio e repetição, é benéfica pois nos confere segurança. Atingir um grande objetivo, seja ele qual for, exige trabalho árduo que demanda segurança e que, certamente, não é mais agradável do que sair para jantar com a família numa pizzaria no meio da semana, por exemplo. Pense em um halterofilista. Por incrível que pareça, ele nasceu com a mesma composição muscular comum que você e eu. Hoje, ele tem os músculos extremamente desenvolvidos e é capaz de levantar um peso de até o dobro do próprio corpo, enquanto muitos de nós suamos a camisa para carregar as compras do mês. O que possibilitou que desenvolvesse essa habilidade foi o treino, a repetição – ou seja, a rotina de exercícios. Sem dúvida, se ele pensasse: "Ai, que sacrifício" ao levantar a cada haltere,

> Mais importante do que nos ajudar a chegar ao nosso objetivo, o drive e a expectância são o que nos possibilita seguir uma rotina sem ponderar quão cansativa ou repetitiva ela é.

não teria chegado aonde chegou. Por isso, nos casos em que a rotina é inevitável para atingir um grande objetivo, o segredo é não pensar em quantas vezes você terá de repetir aquilo ou quanto tempo levará para se aperfeiçoar. Não pense, apenas faça. Lembra-se do lema da marca esportiva Nike? Ele é brilhante: "*Just do it*", apenas faça o que precisa ser feito. Faça o avião chegar ao chão.

Entretanto, como podemos aliviar a sensação de perda que pode existir ao fazermos a escolha mais difícil? Recorda que o cérebro responde a novas situações e experiências fazendo conexões e construindo sinapses?

Em vez de focalizar o problema, devemos sempre olhar o que ganhamos com isso e, dessa forma, nos orientar para a solução. Para isso, é importante falar um pouco de intencionalidade. Diante de uma dificuldade, diante do "dizer não" a uma festa, ou não comprar uma roupa – para guardar dinheiro para viajar –, ou não comer aquele pedaço de *cheesecake* para emagrecer, devemos sempre nos lembrar da intenção desse momento, tratando-nos como crianças no programa da Supernanny. Repita para si: "Estou fazendo isso porque estou ganhando os benefícios que desejei".

Imagine um profissional que atua em uma organização e que, ao se envolver com um projeto novo extremamente ambicioso, começa a ser invadido por pensamentos "Ai, não sei por que fui me meter com isso", "Não aguento meu chefe", "Minha vida piorou, não consigo mais dormir nem sair". Pensar nisso dessa forma não leva ninguém a lugar nenhum. O que essa pessoa precisa é redirecionar a mente para o raciocínio: "O que estou ganhando com isso?". Bom, para começar, "Estou aprendendo muito", ou "Sairei ao final de seis meses quase com uma pós-graduação de tantas novas habilidades que desenvolvi", especifique a você mesmo quais são os benefícios que a escolha mais difícil traz, seja insistente consigo mesmo, na própria educação. E, como exemplificamos no capítulo 6, tire os problemas da frente, simplifique sempre.

Para simplificar, basta agir com proatividade, e assim retirar um problema de cada vez. Aja dessa forma com seu chefe, com sua situação pessoal, com a situação do local de trabalho, com as dificuldades que estão aparecendo. Esforce-se para, em vez de ficar interpretando o problema, tirá-lo da frente. Se você passa tempo demais questionando e fica muito ambivalente, pode fraquejar naquilo que mais queria. Quanto antes decidir por fazer algo e assumir o que quer, mais cedo o problema será superado e menor será o assédio das tentações da fuga por todo o sistema límbico (amígdalas, hipocampo). As emoções sempre vão querer voltar a um estágio de maior conforto, como era antes. Em vez disso, decida logo e mantenha sua postura: "Não vou à festa, tenho motivos para essa decisão". Não fique debatendo internamente todas as pequenas coisas que seriam maravilhosas sobre a festa, apenas decida e a partir do seu posicionamento vai nascer a intencionalidade.

Suas intencionalidades entram em sinergia a partir da decisão: "É importante para mim por esse motivo". Esse exercício permite que você entenda que a perda aparente nada mais é do que uma contingência. É só dessa vez, ou por um ganho maior, ou os dois. Diferencie racionalmente a sua renúncia de violência. Ao se violentar, você sente dor, mas ao renunciar prorroga o desejo para um ganho maior. A perda é temporária, menor do que o ganho em longo prazo. Esse treino permite que o córtex aprenda a prorrogar pela satisfação de uma renúncia, você está criando material para que ele decida melhor. Ao final, lembre-se: só terminei o trabalho com essa categoria porque disse não à festa e ao fim de semana na praia, só emagreci porque neguei aquele pedaço de *cheesecake*. Essa lembrança é muito importante, porque é ela que vai registrando que o depois vale a pena.

No âmbito do *drive* e da expectância, também está envolvido o circuito neural do prazer, que direciona nossa motivação a partir da sensação de vitórias anteriores. A dopamina, parte importante da dinâmica do circuito, é a substância que está intimamente ligada à expectativa, como mencionamos no capítulo 4. O prazer de uma viagem, por exemplo, começa com sua expectativa. É por isso que as pessoas que vão passar três semanas na Europa em férias aguentam melhor a loucura de fechar os últimos dias de trabalho, pois há ali uma expectativa anestesiadora, que por si já é uma sensação prazerosa, que as sustenta nesse momento difícil. As questões positivas que vamos viver na vida que está por vir, como a viagem, são tão importantes de ser sentidas quanto a viagem em si. Se não há expectativa positiva, tudo de positivo que a viagem oferece fica contaminado. Quem dirige seu sentimento é a expectativa. Isso é uma derivação da expectância e do *drive*. Você dirige a sua motivação conversando com ela: "Vai ser ótimo quando terminar".

Como já vimos no capítulo 1, quando você realiza alguma atividade que lhe traz prazer, o núcleo accumbens registra essa sensação positiva. Esse circuito vai para o sistema límbico (apresentado no capítulo 2), responsável pelas emoções e pelo comportamento. Então, você é tomado por uma onda que diz que você precisa dessa sensação novamente para viver melhor.

Considerando que o circuito do prazer é o mecanismo que registra a impressão positiva após uma experiência sensorial e que o córtex pré-frontal – uma região passível de treino – faz parte dele, é possível programar sua máquina cerebral para gerar a sensação de prazer depois de uma vitória importante. Agora, você deve estar se perguntando como esse treinamento pode ser feito.

> Quem dirige seu sentimento é a expectativa. Isso é uma derivação da expectância e do *drive*. Você dirige a sua motivação conversando com ela: "Vai ser ótimo quando terminar".

Vamos pensar em termos práticos. Sabe aquela apresentação de meia hora para a qual você se preparou durante duas semanas e que lhe rendeu elogios de toda a diretoria da empresa? Sem sombra de dúvida, ela representou um desafio. Provavelmente, você abdicou de passar um tempo com seus filhos ou de ir ao cinema com sua esposa para se dedicar com mais afinco à apresentação. Depois de tanta dedicação, você venceu. E venceu com maestria. Por isso, em vez de simplesmente ignorar sua vitória e já se concentrar no próximo trabalho, você deve comemorar e se recompensar. Isso mesmo. O segredo de saber ativar seu circuito do prazer não está em adquirir mais um vício, e sim na autorrecompensa. Essa é a forma mais eficiente de ensinar ao seu cérebro que todo esforço valerá a pena. A sensação de "eu consegui" ativa o hipocampo, que é onde guardamos a memória afetiva e de longo prazo, e faz com que passemos a acreditar que outras situações vitoriosas serão possíveis, reforçando ainda mais o estímulo do prazer.

Em suma, seu corpo entenderá que vai perder horas de sono e bons momentos ao lado de quem você gosta, mas também saberá que é por um bom motivo – ou seja, um final glorioso que fará os meios, por mais sacrificantes que sejam, valerem a pena. Isso servirá como propulsor para sua motivação. Portanto, sempre que conseguir superar uma dificuldade, recompense o principal responsável por esse triunfo: você mesmo. Compre um relógio novo. Abra aquela garrafa de vinho que você guardou para uma ocasião especial. Vá ao seu restaurante predileto com a família. Não deixe, jamais, uma vitória passar em branco.

Se, por um lado, tem gente que peca pela falta de recompensa, por outro há aqueles que erram no excesso e começam a comemorar antes mesmo de terem atingido o objetivo. Por exemplo, um vendedor de carros estabelece para si mesmo a meta de vender 1 milhão de reais em um mês. Na terceira semana, ele já atingiu 800 mil reais. Feliz com o andamento do negócio e com os resultados fantásticos que atingiu em tão pouco tempo, ele aceita o convite de um amigo para passar a última semana do mês em Las Vegas. Ele não cumpriu a meta preestabelecida, mas mesmo assim resolveu se presentear. A atitude dele é muito nociva no processo de educar o cérebro, porque vai reforçá-lo, da próxima vez, a não cumprir novamente uma meta possível. Então, o segredo é não se presentear antes da hora, mas depois do que aconteceu, quando o cérebro passa a entender que tudo vale a pena. Seja um bar, uma noite fora, um final de semana num hotel, uma jaqueta, um tênis, um celular novo. Se autorreforçar é uma competência para gerar resultado e fazer o cérebro aprender que a dor valeu a pena e que o sofrimento não foi em vão. Que ele ganhou alguma coisa com isso.

Você também pode tornar o processo mais prazeroso de maneira consciente, sempre tomando cuidado para não prejudicar seu objetivo final. Outro dia, eu estava fazendo um trajeto entre um bairro e outro para atender a um cliente e passei por uma rua cheia de restaurantes, então resolvi parar um tempinho para tomar um café ali, melhorando meu dia sem me atrasar. Você pode melhorar o dia a dia, colocando uma roupa bonita para ir ao trabalho, ou parando no seu restaurante favorito depois de uma reunião tensa, ou até fazendo algo que não custa dinheiro nenhum, como ouvir música enquanto se arruma de manhã para trabalhar. Desse modo, você dá a si

> O segredo é não se presentear antes da hora, mas depois do que aconteceu, quando o cérebro passa a entender que tudo vale a pena.

mesmo pequenos presentes em seu cotidiano e assim torna as coisas mais prazerosas no caminho, e não só na chegada. Isso é aliviar com pequenos prazeres momentos dolorosos, aproveitar o processo.

Valorize as coisas boas e assim vai levar o processo sem sacrificar o final. *Olhe* o prazer, ou como diz o ditado norte-americano: "Pare para sentir o cheiro das flores". Isso ajuda o córtex a ver o prazer, sentir o prazer. Alivia o dia. Se você ficar orientado pela falta, não consegue sentir a vida. o importante não é o excesso, é o como. Não é o processo, é como ele é vivido. Não é o fim, é o caminho.

Para que você considere o que vale a pena na sua vida hoje, solte-se em um processo de *brainstorming* e avalie seu dia a dia. Faça uma tabela e enumere o que satisfaz, não satisfaz e insatisfaz você, considerando que:

- A *satisfação* representa tudo aquilo que há de bom, o que pode ser valorizado. Filhos, trabalho, esporte, sua cama, sua casa. Quantas pessoas não têm prazeres que você consegue alcançar facilmente? Liste prazeres que você consegue localizar em sua vida. Fazemos isso pouco, notar o bom, nos tornar conscientes das conquistas.
- A *não satisfação* é tudo aquilo que não é um drama, que, apesar de não estar como gostaria, dá para conviver, pois você tem noção de que a vida não é perfeita, que tudo isso pode ser desenvolvido. Oriente-se não para a falta, não seja rígido consigo mesmo, todos temos pontos de não satisfação.
- A *insatisfação* são os fatores com os quais, de fato, não dá mais para conviver. Coisas e situações que exigem uma ruptura, uma ação, que causam incômodo e que vão tornando a vida difícil.

Satisfação	Não satisfação	Insatisfação

A grande maioria das pessoas que preenche essa tabela nota que existe volume maior de coisas na satisfação e naquilo com que é possível conviver; percebe que, na verdade, já conseguiu coisas muito boas na vida. Isso traz tranquilidade para desenvolver o *drive*.

A partir do estudo da Psicologia, sabemos que o neurótico não tem consciência das próprias bênçãos, algo que fazemos no exercício anterior. Ele vive no mundo do "e se", em que tudo poderia ser de outro jeito, com quatro sintomas gerais:

1) estar sempre à espera de um salvador, que vai mudar "tudo". Um momento de vida, um investidor, alguém que vai preencher um vazio, o emprego dos sonhos. Alguém vai abrir uma porta para você, pois o mundo ainda não sabe que você é bom naquilo que faz. É só isso que falta, e virá de um elemento externo;

2) esperar o momento da estabilidade. "Vai chegar um dia que terei dinheiro na conta, estabilidade, estarei na praia tomando uma caipirinha e trabalhando a gosto." Certa vez, quando conversava com um empresário eu falava que não tinha mais tempo para nada e relatava alguns dos meus problemas de trabalho. Então, ele começou a rir e contou sobre uma grande crise por que passou na própria empresa, em que parecia que tudo desabava. Depois de um tempo, nossa conversa mais parecia um concurso de abacaxis para descascar e fomos percebendo que, na verdade, não existe tempo tranquilo, nem nunca existiu, e que a vida era ainda mais atribulada quando estávamos no começo da carreira. Sempre existirão novos problemas, pois a vida pede movimento das pessoas, a felicidade exige sempre que você se movimente para atingi-la. Nunca vai parar;

3) ambivalência do amor, que é algo como "Eu te amo e para você me amar vai ter de me amar do jeito que sou"; "Se quiser, é isso que vai ter, eu não consigo entregar o que você precisa de mim". Embora o neurótico precise desse amor, só se apresenta dizendo "o que dá para fazer". A ambivalência do amor significa precisar desse amor, mas com a condição de se doar em segundo plano;

4) ambivalência do vínculo. A pessoa se funde com quem se envolve, quer estar junto, mas daqui a pouco começa a ter ansiedade

porque criou vínculo demais, e isso traz vulnerabilidade. Ao mesmo tempo em que acha o novo caso amoroso maravilhoso, assusta-se com a proximidade. O vínculo é buscado com toda a intensidade e, depois de tudo, pesa sobre ela. O mesmo acontece com os funcionários que precisam de um braço direito para tudo, colocam tudo na mão de alguém e depois dizem: "Ai, mas por quê? Agora dependo demais dele", com medo da vulnerabilidade que o vínculo gera.

Quando preenchemos essa tabela, precisamos tomar cuidado para perceber que para todo mundo falta algo, contudo, temos muita coisa boa que as outras pessoas não possuem. Por exemplo, você trabalha demais? Pois muito trabalho é uma bênção, significa que você é útil, produtivo, ganha dinheiro, tem saúde para ir todos os dias trabalhar e não está desempregado. É, na verdade, uma coisa maravilhosa trabalhar muito.

O AUTORREFORÇO PARA A AUTOESTIMA E EXPECTÂNCIA

A tabela do exercício anterior serve para ilustrar que, a todo momento, estamos fazendo julgamentos de valor sobre nós mesmos. Ora somos muito bons em determinadas tarefas, o que nos traz motivação para seguir em frente – "eu sou competente" –, ora não conseguimos cumpri-las, o que nos traz a terrível sensação de impotência – "eu sou incompetente". Esse conjunto de julgamentos é o que compõe nossa autoestima, que é a avaliação subjetiva que fazemos de nós mesmos.

Ter uma boa autoestima é fundamental para uma carreira de sucesso. De nada adianta você possuir grande potencial se não conseguir acreditar nele. Sua autoestima é determinante em seu relacionamento consigo mesmo, com as pessoas que o cercam e com seu trabalho. Por isso, neste capítulo, minha intenção é apresentar uma técnica que pode ser usada para alavancar a autoestima: o autorreforço.

Como mencionei anteriormente neste capítulo, fui convidado pela Fiesp para conduzir um trabalho de acompanhamento nos APLs. O trabalho que fiz consistia em acompanhar durante cerca de vinte meses a maneira como os empresários da região produziam e se relacionavam entre si. O objetivo final era estimular práticas conjuntas que fortalecessem o polo. Em Mirassol, conheci Marcos, dono de uma empresa de móveis que produzia *racks* para colocar aparelhos de TV e DVD – na época, videocassete. Marcos estava quebrado, e seu negócio estava indo à falência, mas, graças ao trabalho de acompanhamento, ele conseguiu se reerguer. A empresa voltou a ter bons lucros e, consequentemente, a autoestima dele como empresário melhorou.

> Ter uma boa autoestima é fundamental para uma carreira de sucesso. De nada adianta você possuir grande potencial se não conseguir acreditar nele.

Depois de passada a crise, ele me falou: "Desde o começo do processo de recuperação, sempre tive em mente que, quando saísse daquela situação ruim, iria pescar em Mato Grosso durante sete dias com meus funcionários. Pescar é uma atividade que adoro. É o momento que tenho para não pensar em absolutamente nada e me livrar de todo tipo de pressão, inclusive a dos meus familiares. Fico em cima do barco tomando cerveja e picada de mosquito, mas me sinto extremamente feliz".

Então, pescar é um reforço que Marcos estabeleceu para si mesmo. A cada grande vitória, ele vai pescar. Eu, por exemplo, gosto muito de relógios. Assim, a cada etapa grande que venço, dou de presente para mim mesmo um relógio bacana. Cabe a você escolher seu autorreforço. Pode ser uma caneta, uma roupa nova, uma massagem relaxante, um final de semana num hotel legal. É muito importante que aprendamos a nos presentear. Esse autorreforço é o que faz o cérebro registrar que a dor valeu a pena. E, assim, gradativamente educamos nosso cérebro.

> É muito importante que aprendamos a nos presentear. Esse autorreforço é o que faz o cérebro registrar que a dor valeu a pena. E, assim, gradativamente educamos nosso cérebro.

EXERCÍCIO DE AUTORREFORÇO PARA A AUTOESTIMA

Ao longo de nossa vida, construímos um valioso legado. Alguns erros se fizeram presentes em nossa trajetória, é claro. Contudo, é importante pensar que eles não inviabilizaram uma sucessão de acertos – afinal, se você chegou aonde está hoje, é porque lutou muito e venceu batalhas desafiadoras. Notar nosso ganho, em vez de simplesmente deixar que as derrotas pontuais abalem nossa autoestima, é essencial para que tenhamos a motivação necessária de seguir em frente, sempre em busca de crescimento pessoal e profissional. O segredo é notar o que já fizemos, em vez de ressaltar o que ainda falta fazer.

Para treinar o autorreforço direcionado à autoestima, você precisará apenas de uma caneta e um papel. Sente-se num lugar tranquilo e confortável e tome tempo para você mesmo – essa não é a hora de se preocupar com os *slides* para a palestra da semana que vem ou com o desempenho do seu filho na escola. Concentre-se e faça uma retrospectiva mental da sua vida. Volte aos seus primeiros anos e escreva tudo o que você já fez de notável ou já construiu ao longo de sua existência. Por exemplo:

- Aprendi a ler e a escrever sozinho aos 4 anos.
- Fui considerado o melhor aluno de todo o ensino fundamental no ano de 1995.
- Fui o primeiro aluno a tirar a nota máxima na prova de múltipla escolha que o colégio aplicava a todas as séries ao fim de cada semestre.
- Criei um grupo para discutir a implementação de melhorias na grade curricular do colégio.
- Conquistei o primeiro lugar na prova de bolsas de estudo para o ensino médio.
- Passei em terceiro lugar no vestibular para o curso de Propaganda e Marketing.
- Participei do centro acadêmico da faculdade.
- Consegui um estágio bacana em uma multinacional e fui efetivado.

- Desenvolvi um projeto que foi considerado a melhor iniciativa da empresa naquele ano.
- Fui convidado para conhecer a matriz da empresa nos Estados Unidos.
- Recebi uma promoção.
- Concluí minha pós-graduação em Comunicação Empresarial.
- Criei meus filhos e hoje todos estão na faculdade.
- Sou capaz de ajudar meus pais financeiramente.

E assim sucessivamente. Esse é um bom exercício para driblar a afetividade da memória – que é afetada pelo momento. Em situações ruins ou desfavoráveis, esquecemos o que já construímos, o que já fizemos de bom. E, sem sombra de dúvida, assim como eu, você também já realizou muitas coisas boas e notáveis. Já venceu muitos desafios, já construiu seu legado, já serviu de inspiração para muita gente. Que atire a primeira pedra quem nunca errou – errar é humano e construtivo. O que não pode acontecer, jamais, é você permitir que os erros apaguem suas vitórias. Assim como o presente que nos damos quando completamos um desafio, poder celebrar as vitórias serve para registrá-las com mais intensidade em nosso sistema neural, criando caminhos mais rápidos para nos lembrar da sensação de prazer que vem depois do desafio. A consciência da autoestima faz com que você desenvolva uma expectância alta, pois a clareza do valor das suas ações torna mais fácil se comprometer com os resultados.

***

Voltando ao *drive*, quando estamos às vésperas de um acontecimento importante, é essencial nos manter consideravelmente ansiosos para que tenhamos o empenho de dar nosso melhor e a capacidade de reagir em caso de imprevisto. Entretanto, ficar em estado constante de atenção é muito prejudicial ao nosso corpo. Lembra-se do capítulo 6, quando

> A consciência da autoestima faz com que você desenvolva uma expectância alta, pois a clareza do valor das suas ações torna mais fácil se comprometer com os resultados.

falamos de sistema simpático e parassimpático? É aqui que entra o sistema nervoso parassimpático: pela liberação da beta-endorfina, entramos em processo de inibição, sentindo-nos tranquilos e tomados por uma onda de bem-estar. É como o processo respiratório: se inspiramos o ar, nosso diafragma se contrai. Quando expiramos, é a vez de ele relaxar. Não dá para estar em constante estado de tensão – ou de contração, no caso da analogia que usei. Então, todo aquele nervosismo, aquele estado de alerta ao qual estávamos submetidos, vai se dissipando. E aí, quando você está relaxado, chega a hora de, enfim, cumprir o registro atávico de descansar. Acontece que, no mundo agitado em que vivemos, às vezes, por mais que seu corpo peça descanso, você não pode ceder à tentação do sono. Então você toma um café ou um energético para despertar e ter pique para continuar a preencher aquela planilha do trabalho. Então, o corpo acaba acelerando demais. Atinge-se um pico de aceleração que não é saudável, porque vai desembocar num auge de inibição, que é o período em que você não estará disposto a fazer absolutamente nada.

Novamente, entram em jogo o *drive* e a expectância, que é a capacidade de manter expectativas tanto em mim quanto em quem convive comigo, de cumprir o que prometi, "bancar" aquilo a que me propus.

Uma vez fui convidado a palestrar na Convenção Nacional das Empresas de Serviços Contábeis e das Empresas de Assessoramento de Perícia (Conescap), uma confraternização nacional das empresas do setor de serviços que aconteceu em Foz do Iguaçu. Vários palestrantes renomados também iam participar, e os que fossem bem avaliados poderiam voltar a ser convidados no ano seguinte. Defini como objetivo profissional fazer a melhor apresentação do evento. Na noite em que cheguei a Foz, alguns amigos me esperavam para jantar, mas eu não estava totalmente à vontade com minha apresentação, que seria a primeira da manhã seguinte. Então declinei do convite e passei a noite com foco em minha palestra: refiz alguns *slides*, busquei dados atualizados na internet, inseri novo *case*, programei uma dinâmica.

Provavelmente, o jantar seria um momento muito agradável, e até inesquecível, como são os momentos que passamos com os amigos. No entanto, administrei o que era prioritário, fiz a escolha, tomei controle de uma situação que exigia minha atenção e direcionei minha motivação para que eu pudesse atingir meu objetivo. Por mais que estivesse com vontade de tomar um vinho e conversar um pouco sobre assuntos diversos, decidi prorrogar meu desejo, sabendo que poderia ser recompensado assim que atingisse meu objetivo. Falando assim parece tudo muito óbvio, mas tanto eu quanto você sabemos como é difícil fazer esse tipo de escolha, e como muitas vezes escolhemos sair e deixar o trabalho sem pensar conscientemente nas consequências de nossas decisões – é preciso treinar o cérebro para reconhecer esses momentos-chave. Depois de muito estudar sobre isso, reconheço quando o *drive* precisa entrar em jogo e o foco deve ser direcionado, e você também tem de saber reconhecer isso. O resultado foi extremamente positivo: consegui cumprir meu objetivo, e minha palestra foi selecionada pelos espectadores como a melhor dos três dias de evento.

> Moral da história: não dá para ter tudo aqui e agora. Como já dizia Freud, civilização é aprender a adiar o desejo!

Moral da história: não dá para ter tudo aqui e agora. Como já dizia Freud, civilização é aprender a adiar o desejo!

Resumo

- *Drive* é estar no comando da situação e da própria motivação e as coisas vão acontecer da maneira como você conduzir.
- Na maioria das vezes, o que impulsiona o *drive* é a capacidade de dizer não.
- A maioria dos empreendedores de sucesso aponta que deve sua prosperidade a duas características: **a importância de dizer não e a capacidade de aprender com os erros**.
- Expectância é a capacidade que um indivíduo tem de se comprometer com as próprias expectativas e com as expectativas que gera para terceiros.
- Em vez de focar no problema, olhe para o que ganha com ele, e dessa forma oriente-se para a solução, e não para o problema.
- No âmbito do drive e da expectância também está envolvido o circuito neural do prazer, que direciona nossa motivação a partir da sensação de vitórias anteriores.

8 Tolerância à incerteza

Você provavelmente já ouviu falar na figura mitológica de Narciso, o autoadmirador. Belo e orgulhoso, Narciso era filho de Cefiso e Liríope, que gostava de admirar a própria imagem.

Conta-se que Narciso nunca havia visto o próprio reflexo (pois sua mãe foi orientada a não permitir que isso ocorresse) e, um dia quando estava parado à beira de um lago, deparou-se com sua imagem refletida na água. De tão belo, enamorou-se perdidamente por si mesmo. Então, ele tenta buscar seu reflexo, joga-se nas águas e morre afogado. Do fundo da lagoa, surgiu a flor que recebeu o nome de Narciso e tem suas características.

É desse mito que vem a expressão narcisismo, que usamos hoje em dia com frequência para designar forte adoração por si próprio. Se uma pessoa não sai da frente do espelho de tão vaidosa que é, não hesitamos em chamá-la de narcisista. A Psicanálise se apropriou desse conceito para designar a condição humana de se enxergar como um ser completo, positivo e diferente do outro. Saber lidar com o próprio narcisismo é essencial, porque permite equilibrar nossas necessidades pessoais e as dos que convivem conosco, além de fazer com que nos enxerguemos como seres passíveis de falhas.

É justamente essa uma das grandes competências de um empreendedor: a capacidade de tolerar a incerteza – ou seja, de saber trabalhar em condições arriscadas e de admitir que, assim como tudo na vida, um projeto tanto pode dar certo como pode dar errado, que nós podemos tomar a decisão certa, mas também nos equivocar. Em geral, somos educados sob a exigência de não cometer falhas, entretanto esquecemo-nos de que somos seres humanos, e não máquinas de engenharia rebuscada e altíssima performance. Por mais que trabalhemos para sempre acertar, estamos sujeitos a deslizes cometidos por falta de atenção, de experiência, de clareza, por cansaço. Mais do que isso, estamos todos sujeitos à influência de fatores externos. Alguns deles podem nos impulsionar, outros, porém, podem dificultar nosso trajeto.

Imagine que você está empenhado em organizar um grande evento de confraternização entre os funcionários da sua empresa. Você planejou um final de semana num hotel fazenda, com direito a piscina, churrasco, quadra esportiva e passeios a cavalo. Tudo correu perfeitamente a princípio: vocês chegaram ao hotel na sexta-feira à noite, jantaram e descansaram para poder aproveitar toda a infraestrutura do local no dia seguinte. O dia amanheceu bonito, entretanto, o céu estava encoberto por algumas nuvens. Até aí, nenhum grande problema, mas assim que cai a tarde, começa uma chuva torrencial que os impossibilita de aproveitar grande parte da programação. É claro que vocês tinham opções de lugares cobertos, mas todos acabaram desanimados por não terem ficado um pouquinho mais na piscina. Ou seja, um fator externo afetou o bom andamento do evento. Com esse tipo de risco nós sempre vamos ter de conviver: o bolo encomendado pode não chegar, a pintura da casa pode não ficar pronta a tempo, o cliente pode sofrer um calote e, precisando de dinheiro, desistir da compra que estava confirmada, comprometendo a meta de toda a empresa.

> Por mais que trabalhemos para sempre acertar, estamos sujeitos a deslizes cometidos por falta de atenção, de experiência, de clareza, por cansaço.

Vamos supor que, você tenha planejado passar o fim de semana do Dia dos Pais inteiro ao lado da sua família. Nada mais natural. Contudo, na sexta-feira, em regime extraordinário, seu chefe lhe pede que você levante dados sobre as finanças da empresa, desde a criação até a presente data. E a tarefa precisa estar concluída até segunda-feira pela manhã, ocasião em que os dados serão apresentados para a superintendência. É um trabalho que demanda pesquisa, tempo e concentração. Como você sabe quanto cumprir aquela tarefa é importante para atingir seu objetivo de ser promovido, decide abrir mão de um tempinho com a família. Se antes os planos eram passar todo o fim de semana ao lado daqueles que mais ama, agora você se esforçará para correr e concluir o trabalho no sábado e ter o domingo livre para aqueles de quem você gosta.

Não é questão de pessimismo, mas é essencial ter em mente que nem tudo vai dar certo e que ninguém vai conseguir tudo o que quer nessa vida na hora em que planejou, do jeito que achava que tinha de ser. O percurso do seu mapa vai encontrar diversas surpresas na estrada. Ora será possível estar com a família, ora não. Ora vai dar para fazer um acompanhamento mais próximo com cada integrante da sua equipe, ora isso não será possível. Por mais que você seja muito bem-intencionado, ser o superpai ou a supermãe, o superprofissional, o superparceiro não é tarefa fácil – ou melhor, é uma empreitada que beira o impossível. Essa é a hora em que você precisa reinterpretar o pensamento do poeta inglês John Donne e entender a concepção mais ampla do ditado "Nenhum homem é uma ilha". Quer dizer, além de você precisar estar perto dos outros por questões sociais e de formação de uma rede de contatos, é importante que também admita que precisa que os outros o ajudem. Em casa, o ideal é dividir as tarefas com o seu cônjuge, que deve ser seu braço direito no ambiente familiar. Na empresa, é essencial ter colegas de confiança que o auxiliem na administração e no seguimento dos processos internos.

Tolerar a incerteza e compartilhar tarefas, angústias e vitórias são maneiras de administrar o narcisismo, ou seja, de lidar com o ego. E o que chamamos de administrar o ego na Psicanálise nada mais é do que usar a competência do córtex pré-frontal. O que pode acontecer de positivo e de negativo em cada nova situação à qual você se submete? E se o negativo acontecer, o que será de você e do seu objetivo? O que você e seus colegas podem fazer para contornar possíveis percalços? Pegue uma folha de papel e uma caneta e escreva os prós e os contras de cada cenário. Porque às vezes, na nossa cabeça, os problemas tomam proporções monstruosas, mas, quando colocados no papel, mostram-se bem menos assustadores ou bem mais previsíveis e corriqueiros do que pareciam ser.

Na Psicanálise, usa-se o conceito de castração para explicar a tolerância à incerteza. Vou falar sobre ele brevemente para que possamos nos concentrar em exemplos práticos. No primeiro ano de vida de uma criança, o universo dela se resume à relação que tem com a mãe. A percepção dessa criança é que o mundo da mãe gira em torno apenas dela, até o dia em que ela percebe, de maneira abrupta, a existência de um terceiro elemento nessa relação: o pai, que também é alvo de amor da mãe. Diz-se então que o pai é o responsável pela castração ou pela interdição da criança. Nesse momento, a criança desenvolve o ideal do "eu" – ela fica pensando no que precisa fazer para retomar a posição de prioridade única na vida da mãe.

> Às vezes, na nossa cabeça, os problemas tomam proporções monstruosas, mas, quando colocados no papel, mostram-se bem menos assustadores ou bem mais previsíveis e corriqueiros do que pareciam ser.

Até em média 1 ano e meio, seguindo a concepção lacaniana, a mãe e a criança se tornam o que chamamos de célula una. Para Lacan, a criança é uma das formas de substituição do objeto fálico de amor da mãe e dessa relação de junção dos primeiros meses da criança nasce o "eu-ideal" do indivíduo, uma vez que ele é tudo para a mãe. É assim que começamos a desenvolver o narcisismo, e nessa fase isso é importante, pois acontece a criação das defesas narcísicas, que nos ajudam muito ao longo da vida para não desabar com críticas e com frustrações.

Depois dessa idade, é preciso que essa célula seja interrompida, em outras palavras, castrada, e nasce assim a tríade ao entrar algum elemento que cortará a junção da mãe com a criança. É aí que surge aquilo que os psicanalistas chamam de lei, algum elemento externo que é inserido no meio da relação. São forças da vida que colocam a criança em segundo plano e dividem a atenção da mãe (pode ser o pai, o trabalho, até mesmo a panela que está no fogo). E daí o "eu-ideal" se torna o "ideal do eu". Instala-se na criança a busca pelo que ela terá de ser na vida para recuperar a posição de representar tudo.

Se o meio é muito rígido, digamos que exista um pai militar em casa, pode acontecer de a mãe se juntar à criança, e então a tríade não se estabelece. A mãe e a criança se protegem da lei mantendo o "eu-ideal". Contudo, quando a castração é bem-sucedida bons líderes são criados, pois é ela que desenvolve um indivíduo que aceita que erra, que a vida é imperfeita, que não se faz tudo no tempo previsto, que o mundo pode ser extremamente frustrante. A posição de "eu-ideal" na castração precisa mudar para "O que eu preciso desenvolver em mim para ser ideal?", e assim nasce o neurótico, que busca aquilo que falta." Conviver com a frustração faz parte da vida e por isso a boa castração faz o líder ser funcional.

Aqui se forma nosso anseio por constante aperfeiçoamento. Só nos resta lidar com a realidade: não somos os únicos indivíduos importantes na vida de nossas mães. É a primeira frustração que temos de enfrentar.

Em termos mais práticos, é a mesma coisa que acontece quando a mãe precisa sair de casa para trabalhar e deixar o filho aos cuidados de uma terceira pessoa. Ou seja, ela se afasta do universo do filho para cuidar dos próprios interesses e para ir em busca dos próprios objetivos de vida. Esse é apenas um simples exemplo que prova que somos obrigados a lidar com a frustração desde pequenos. Assim, grandes líderes são aqueles que sabem driblar os percalços da vida e aprendem a abraçar as próprias incompetências, afinal, paradoxalmente nos tornamos mais fortes à medida que nos apropriamos de nossas fraquezas. Apesar de parecer um pequeno passo, admitir a impossibilidade de assumir uma responsabilidade sozinho, de "dar conta" de algo maior do que você, é de suma importância para o desenvolvimento de uma boa personalidade empreendedora, porque é uma atitude inerente a alguém que saiba delegar funções e atividades.

A habilidade de negociar com o erro é um presente da nossa evolução cerebral. Desde os tempos mais remotos, o homem erra. Todo mundo já errou pelo menos uma vez na vida. Como digo no capítulo 7, entre 1994 e 1996, durante minha atuação no programa Empretec, apliquei cerca de duas mil entrevistas a CEOs, empresários e diretores de empresa, percebendo o padrão nas pessoas. Cerca de 1.200 deles atribuíam o próprio sucesso à importância de dizer não e à capacidade de aprender com os erros. Errar é um ingrediente da vitória.

É claro que a vida seria menos dolorosa se fôssemos certeiros a cada passo dado, óbvio que ninguém gosta de admitir que erra. Contudo, o erro não deve ser visto como um inimigo: ele nada mais é do que uma nova possibilidade, uma chance de equilíbrio. É a oportunidade que temos de parar um pouquinho e fazer uma retrospectiva de nossa trajetória, com o intuito de pontuar o que deu certo e merece ser repetido e o que deu errado e precisa ser eliminado.

A teoria da autoeficácia de Rotter está diretamente ligada à autoestima e trata da disposição a crer nas próprias habilidades – o lócus interno de controle, como citamos no capítulo 1. De acordo com essa teoria, não devemos dividir as consequências dos nossos atos em sucesso e fracasso, mas em resultado positivo e resultado negativo. O segredo para desenvolver a autoeficácia é, antes mesmo de tomar a ação, escrever num papel quais as possíveis consequências, tanto negativas quanto positivas, daquele ato. Por exemplo, um executivo da alta diretoria da empresa contratou uma nova secretária para ajudá-lo com as burocracias diárias. Além de competente, ela é uma mulher muito bonita e atraente que, às vezes, dá a entender que gostaria de levar a relação para âmbito mais pessoal, em vez de continuar com laços estritamente profissionais. Como diz a sabedoria popular, "A carne é fraca". É esse o momento exato de colocar a racionalidade no comando. Quais as consequências, tanto pessoais quanto profissionais, que esse executivo terá de enfrentar caso ceda à tentação? Com certeza, os problemas advindos de um ato não pensado farão com que qualquer tipo de prazer momentâneo não valha a pena.

> O erro não deve ser visto como um inimigo: ele nada mais é do que uma nova possibilidade, uma chance de equilíbrio.

Podemos fazer um exercício: antes de fazer uma escolha que pareça complicada, crie uma tabela, como em todos os exercícios deste livro. É importante que você tenha a ação de escrever, não apenas pensar. Escrever significa materializar no papel a sua emoção, a escrita abre caminhos mentais e novas conexões.

O QUE GANHO COM ISSO?	O QUE PERCO COM ISSO?

Liste o maior número de possibilidades existentes no "que ganho" e no "que perco". Pese o que é mais importante para você, segundo seus valores e a Roda da Vida. Esse mesmo exercício pode ser feito para tudo, decidir investimentos, trocar de emprego, escolher um imóvel etc.

Depois de analisar os prós e os contras daquele ato, é hora de anotar os resultados. Qual foi o resultado de ter optado pelo não? Ou o que resultou de ter optado pelo sim? Um exemplo bem claro disso: qual foi o efeito de ter marcado aquela reunião importante para o dia seguinte em que foram apresentados os resultados da auditoria fiscal da empresa? Foi não ter tido tempo suficiente para estudar o cenário e me preparar para responder com precisão às perguntas que certamente viriam. O que preciso fazer para melhorar da próxima vez? Esperar o resultado sair, conversar com os auditores e elaborar um plano de perguntas e respostas.

Como eu ia dizendo, todos nós cometemos erros, e, a partir do nosso desenvolvimento psíquico, conseguimos usar nossas defesas narcísicas para manejar e nos apropriar daquilo que deu errado. A melhor estratégia é não se esconder do problema. O grande guru da atualidade, Jim Collins, tem um olhar bem interessante sobre os problemas, a confrontação dos fatos brutais. Em vez de tentar esconder, traga para a luz, chame as pessoas envolvidas e fale de cada problema, considere o que poderia ter sido diferente, quais pontos vocês poderiam ter trabalhado, como fariam isso de novo e transforme a situação em um modelo para um novo aprendizado.

O que ganhamos e o que perdemos com isso? Raciocinar sobre esses pesos faz toda a diferença. Isso pode ser feito em uma equipe, uma empresa, um jogo, mas perceba a expressão "confrontação dos fatos brutais". Confrontação: de quem foi a responsabilidade? Minha? Sua? "Dos fatos": encare o que aconteceu ali que estava sob seu controle. E, por fim, "brutais", porque isso causará desconforto em todos que fazem parte desse erro e o reconhecerem. É brutal porque mobiliza a pessoa e seu funcionamento cerebral, mexe com o sistema límbico, atua no medo, no esquema cerebral da rejeição e no do desamparo.

Feito esse exercício, é importante "desafetar" – ou seja, não ficar preso àquela eterna lamentação de que poderia ter sido diferente e ao famoso jogo do "e se...". Nessas horas, também é essencial apoiar-se nos colegas e saber ouvi-los. O *feedback* é revelador e deve ser praticado entre os integrantes de uma equipe. Por isso, o bom líder é aquele que sabe orientar e motivar sua equipe, mas que também assegura que o canal esteja aberto no sentido contrário – ou seja, sabe falar e ouvir. Muitas vezes temos atitudes reprováveis ou admiráveis das quais nem nos damos conta. Geralmente, quem está ao nosso lado, porém de fora da situação, consegue ter um bom discernimento para apontar nossas falhas e nossos pontos fortes.

> O bom líder é aquele que sabe orientar e motivar sua equipe, mas que também assegura que o canal esteja aberto no sentido contrário – ou seja, sabe falar e ouvir.

É muito comum que o medo apareça associado ao fracasso – afinal, ninguém gosta de sentir que perdeu ou que pode perder o controle sobre as coisas. Há três tipos de medo que estão registrados na nossa forma social. Medo de ser preterido e humilhado, medo da perda do *status quo* (ou seja, dos ganhos secundários) e medo da perda de controle.

Na hora de lidar com esse sentimento quase inevitável, é importante racionalizar o que está acontecendo. O medo, por sua natureza, é caracterizado pela presença real e pela ameaça do objeto, como já vimos. Se você está com medo de se dar mal na reunião de amanhã, racionalize: o que, de fato, pode acontecer se eu não me sair tão bem na reunião? Esse exercício faz com que você se prepare mentalmente para lidar com qualquer tipo de imprevisto. E o que levou você a tentar se antecipar aos acontecimentos? Justamente o medo de errar. Por isso, não encare o medo como um inimigo. Ele é funcional. Pense, por exemplo, nos cuidados que você tem com a própria vida, a atenção que dedica ao atravessar uma rua, ou ao comer algo que nunca viu antes. Tudo isso é reflexo do medo de morrer. Se o medo não valesse para nada, você poderia andar tranquilamente a 350 quilômetros por hora em uma estrada, pois não teria a sensação de que pode perder a vida em um acidente automobilístico. Você poderia mentir para sua esposa, ir viajar sem prévio aviso e passar todas as noites fora de casa – afinal, não se sentiria na iminência de perder sua companheira. Não se esqueça de que o verdadeiro corajoso é aquele que enfrenta os próprios medos, e não aquele que não os tem. E então, você prefere ter medo ou viver perigosamente sem noção das consequências?

Uma análise mais racional das perdas e dos ganhos no momento da escolha passa a levar sua mente a acreditar nela. Essa escolha desenvolve uma fé, um propósito, uma intenção. Mais do que isso, um quadro mental do que você deve fazer e do que você precisa cuidar para não fazer. Para reforçar a sensação, aconselho que você fale em voz alta para si mesmo tudo o que observa na situação e repita isso com a convicção de que o desfecho será positivo. Se suas sensações ainda foram de dúvida, se ao dizer o que decidiu as palavras não saírem com convicção e se tiver a sensação de que está forjando a escolha e não sentindo o que deve escolher, o melhor caminho é que você reveja e recomece de novo a pesar. Em geral, o que aparentemente parece ser mais difícil muitas vezes é o melhor caminho.

> Em geral, o que aparentemente parece ser mais difícil muitas vezes é o melhor caminho.

Resumo

- A capacidade de tolerar a incerteza significa saber trabalhar em condições arriscadas e admitir que algo tanto pode dar certo como pode dar errado.
- Para lidar melhor com essa possibilidade, escreva os prós e os contras de cada cenário desafiador. O que é o pior que pode acontecer?
- A habilidade de negociar com o erro é um presente da nossa evolução cerebral.
- Quando o erro acontecer, confronte-o. Em vez de tentar esconder, traga-o para a luz, chame as pessoas envolvidas e fale de cada problema.
- Uma análise mais racional de perdas e ganhos no momento da escolha passa a levar sua mente a acreditar nela.

Aprender é a maior vocação do cérebro

Caro leitor, agradeço o tempo que você despendeu para ler este livro e, mais do que isso, parabenizo-o pelo ânimo de tomar as rédeas da própria vida a partir do seu aparelho mais poderoso, o cérebro, e, com isso, atingir o sucesso naquilo que você tanto deseja, que se tornou algo muito mais tangível. O que tentei dizer ao longo destes capítulos é que tudo depende, sim, de você.

Nós temos uma máquina poderosíssima, o córtex pré-frontal, e saber usá-la é o segredo para diminuir as angústias que sentimos diante das situações que nos pegavam despreparados. Depois de tudo o que lhe mostrei, você aprendeu nessa jornada os exercícios e as práticas às quais pode aderir para obter os melhores resultados.

Depois de muitos anos estudando modelos mentais e analisando pessoas de sucesso, aprendi a conectar as características desses indivíduos a conceitos, teorias e muita pesquisa sobre aquilo que molda a atitude empreendedora e o crescimento no âmbito da mente humana.

Ao longo destas páginas, percebemos a importância de aceitar desafios, recortar nossas metas para termos prazeres durante o caminho a ser percorrido em busca do que almejamos, ter foco, manter a estratégia e, acima de tudo, treinar nosso cérebro para agir conforme nossas necessidades.

Você sabe quanto é capaz, então aproveite este momento para fazer o planejamento de tudo o que deseja alcançar. Buscar o desenvolvimento é o primeiro passo do sucesso, volte aos capítulos quantas vezes achar que precisa, e não tenha vergonha de fazer os exercícios: exponha para si mesmo quem você realmente é e treine seu cérebro para atingir os objetivos específicos dessa personalidade.

Seja disciplinado e visualize seus objetivos constantemente. Coloque-se confiante e desfrute do poder de alta performance que seu cérebro oferece, tire proveito de suas vantagens evolutivas.

Para finalizar esse processo de aprendizado valioso, gostaria de compartilhar um texto que uma jovem chamada Veronica Shoffstall escreveu em 1971, remontando frases de William Shakespeare, e que pode ser traduzido na mensagem mais importante deste livro: nós somos capazes de controlar nossos atos e podemos nos colocar no comando de todas as situações de nossa vida. Tudo depende apenas de nós mesmos e de nossas habilidades únicas.

Chega um tempo em que, afinal, você aprende que amar não significa apoiar-se e que companhia nem sempre quer dizer segurança.

E entende que beijos não são contratos e presentes não são promessas.

E passa a aceitar suas derrotas com a cabeça erguida e os olhos adiante, com a graça de um adulto, e não a tristeza de uma criança.

Depois de um tempo, você aprende que o sol queima se ficar exposto a ele por muito tempo.

E que, não importa quanto você se importe, algumas pessoas simplesmente não se importam...

E aceita que, não importa quão boa seja uma pessoa, ela vai feri-lo de vez em quando e você precisa perdoá-la por isso.

Aprende que falar pode aliviar dores emocionais.

Descobre que são precisos muitos anos para construir confiança e apenas segundos para perdê-la e que você pode fazer coisas em um instante das quais se arrependerá pelo resto da vida.

Aprende que verdadeiras amizades continuam a crescer mesmo quando separadas por longas distâncias.

E que o que importa não é o que você tem na vida, mas quem você tem na vida.

E que os bons amigos são a família que nos permitiram escolher.

Aprende que não temos de mudar de amigos se compreendermos que os amigos mudam; percebe que seu melhor amigo e você podem fazer qualquer coisa, ou nada, e ter bons momentos juntos.

Começa a aprender que não deve comparar-se aos outros, mas ao melhor que você pode ser.

Descobre que demora muito tempo para alguém se tornar a pessoa que quer e que o tempo é curto.

Aprende que ou você controla seus atos ou eles o controlarão e que ser flexível não significa ser fraco ou não ter personalidade, pois não importa quão delicada e frágil seja uma situação, sempre existem dois lados.

Aprende que heróis são pessoas que fizeram o que era necessário fazer, enfrentando as consequências.

Aprende que paciência requer muita prática.

Descobre que algumas vezes a pessoa que você espera que o chute quando cai é uma das poucas que o ajudarão a se levantar.

Aprende que maturidade tem mais a ver com os tipos de experiência que você teve e o que aprendeu com ela do que com quantos aniversários já comemorou.

Aprende que há mais dos seus pais em você do que supunha.

Aprende que, quando você está com raiva, pode até ter o direito de estar com raiva, mas não de ser cruel.

Descobre que só porque alguém não o ama do jeito que você quer que ame isso não significa que esse alguém não o ame com o melhor de si, pois existem pessoas que nos amam, mas simplesmente não sabem como demonstrar ou viver isso.

Aprende que nem sempre é suficiente ser perdoado por alguém. Algumas vezes, você tem de aprender a perdoar a si mesmo.

Aprende que, com a mesma severidade com que julga, você será em algum momento condenado.
Aprende que, não importa em quantos pedaços seu coração se tenha partido, o mundo não vai parar para que você o conserte.
Aprende que o tempo não é algo que possa voltar atrás.
Pois você aprende que realmente pode suportar, que realmente é forte e pode ir ainda mais longe depois de ter pensado que não poderia mais.
Portanto, plante seu jardim e decore sua alma em vez de esperar que alguém lhe traga flores.

Os conceitos aqui propostos são seus para serem usados e testados, agora é com você. O cérebro foi o maior presente que recebemos da evolução das espécies, e já está na hora de aprendermos a valorizá-lo e fazer da nossa mente uma máquina sofisticada e consciente. Desejo um ótimo trabalho e alta performance para você, em todas as áreas da vida.

Com Carinho,
Luiz Fernando Garcia

Referências

ABRAMS, Jolane K.; JOHNSON, Philip L.; HOLLIS, Jacob; LOWRY, Christopher A. *Anatomic and functional topography of the Dorsal Raphe Nucleus*. Bristol: University research centre for Neuroendocrinology, 2004.

BARRETO, João Erivan Façanha; SILVA, Luciane Ponte. *Sistema límbico e as emoções – uma revisão anatômica*. Fortaleza: Faculdade Christus, 2009.

CARELLI, Gabriela. *Os superacelerados:* A hipomania explica por que algumas pessoas vivem sempre a mil por hora. Disponível em: <http://veja.abril.com.br/140905/p_106.html>. Acesso em: 1º/8/2013.

DAVIDSON, Richard J.; BEGLEY, Sharon. *O estilo emocional do cérebro*. Como o funcionamento cerebral afeta sua maneira de pensar, sentir e viver. Rio de Janeiro: Sextante, 2013.

DRUCKER, Peter Ferdinand. *Inovação e espírito empreendedor* (entrepreneurship): prática e princípios. 2. ed. São Paulo: Pioneira, 1987.

DSM-IV – *Manual diagnóstico e estatístico de transtornos mentais*. Porto Alegre: Artes Médicas, 1995.

ECCLES, John Carew. *O conhecimento do cérebro*. São Paulo: Atheneu/Edusp, 1979.

FLANAGAN, John C. "A técnica do incidente crítico". *Arq. Bras. de Psicologia Aplicada*, v. 21, n. 2, p. 99-141, 1973.

FREUD, Sigmund. *Obras psicológicas completas de Sigmund Freud*: edição standard brasileira, v. 3: Primeiras publicações psicanalíticas (1893-1899). Rio de Janeiro: Imago, 1996.

_____. *Obras psicológicas completas de Sigmund Freud*: edição standard brasileira, v. 4: A interpretação dos sonhos (I) (1900). Rio de Janeiro: Imago, 1996.

_____. *Obras psicológicas completas de Sigmund Freud*: edição standard brasileira, v. 5: A interpretação dos sonhos (II) e Sobre os sonhos (1900-1901). Rio de Janeiro: Imago, 1996.

_____. *Obras psicológicas completas de Sigmund Freud*: edição standard brasileira, v. 6: Sobre a psicopatologia da vida cotidiana (1901). Rio de Janeiro: Imago, 1996.

_____. *Obras psicológicas completas de Sigmund Freud*: edição standard brasileira, v. 11: Cinco lições de psicanálise, Leonardo da Vinci e outros trabalhos (1910). Rio de Janeiro: Imago, 1996.

_____. *Obras psicológicas completas de Sigmund Freud*: edição standard brasileira, v. 16: Conferências introdutórias sobre psicanálise (parte III) (1915-1916). Rio de Janeiro: Imago, 1996.

_____. *Obras psicológicas completas de Sigmund Freud*: edição standard brasileira, v. 19: O ego e o id e outros trabalhos (1923-1925). Rio de Janeiro: Imago, 1996.

_____. *Obras psicológicas completas de Sigmund Freud*: edição standard brasileira, v. 22: Novas conferências introdutórias sobre psicanálise e outros trabalhos (1932- 1936). Rio de Janeiro: Imago, 1996.

GARCIA, Luiz Fernando. *Pessoas de resultado*: o perfil de quem se destaca sempre. 5. ed. São Paulo: Gente, 2003.

_____. *Gente que faz*: manual prático para quem quer aprender os segredos dos grandes realizadores. 2. ed. São Paulo: Gente, 2006.

_____. UNIVERSIDADE FEDERAL DE SANTA CATARINA. Laboratório de Ensino a Distância. Formação empreendedora na educação profissional: capacitação a distância de professores para o empreendedorismo. Florianópolis: LED, 2000.

GAY, Peter. *Freud:* uma vida para o nosso tempo. São Paulo: Companhia das Letras, 1989.

GOMES FILHO, João. *Gestalt do objeto:* sistemas de leitura visual da forma. São Paulo: Escrituras Editora, 2000. pp. 19-37.

GRANJEIRO, José Wilson. Como a psicocibernética pode ajudar os concurseiros. In: Congresso em Foco, 2012. Disponível em <http://congressoemfoco.uol.com.br/opiniao/colunistas/como-a-psicocibernetica-pode-ajudar-os-concurseiros/>. Acesso em: 9/10/2013.

GRUPO DE TRABALHO PERMANENTE PARA ARRANJOS PRODUTIVOS LOCAIS. Manual de apoio aos arranjos produtivos locais. Disponível em: <http://www.desenvolvimento.gov.br/arquivos/dwnl_ 1289326568.pdf>. Acesso em: 9/10/2013.

G1. *Cientistas brasileiros descobrem número de neurônios em um cérebro.* Disponível em: <http://g1.globo.com/Noticias/Ciencia/0,,MUL100 9269-5603,00.html>. Acesso em: 3/10/2013.

HERCULANO-HOUZEL, Suzana. *Neurociências na Educação. Adolescência*: o cérebro em transformação. Atta mídia e educação, 2009. DVD.

HOTAMISLIGIL, Gökhan S.; BREAKEFIELD, Xandra O. Human monoamine oxidase a gene determines levels of enzyme activity. *The American Journal of Human Genetics*, v. 49, agosto 1991. Disponível em: <http://www.ncbi.nlm.nih.gov/pmc/articles/PMC1683299/>. Acesso em: 25/9/2013.

JUNG, Carl Gustav. *A prática da psicoterapia.* 13. ed. Petrópolis: Vozes, 2011.

_____. *O desenvolvimento da personalidade.* 8. ed. Petrópolis: Vozes, 1998.

_____. *O homem e seus símbolos.* 2. ed. Rio de Janeiro: Nova Fronteira, 2008.

_____. *Os arquétipos e o inconsciente coletivo.* 7. ed. Petrópolis: Vozes, 2011.

_____. *Psicologia do inconsciente.* 19. ed. Petrópolis: Vozes, 2011.

_____. *Tipos psicológicos.* 4. ed. Petrópolis: Vozes, 2011.

_____. *Memórias, sonhos e reflexões.* Rio de Janeiro: Ediouro/Sinergia, 2006.

LACAN, Jacques. *Escritos.* Tradução de Vera Ribeiro. Rio de Janeiro: Jorge Zahar, 1998.

_____. *Da psicose paranoica em suas relações com a personalidade*. 2. ed. São Paulo: Forense Universitária, 2011.

_____. *Os complexos familiares*. 2. ed. Rio de Janeiro: Zahar, 2002.

_____. *O mito individual do neurótico*. Rio de Janeiro: Zahar, 2008.

_____. *O seminário – livro 11 – Os quatro conceitos*. Rio de Janeiro: Zahar, 1985.

_____. *O seminário – livro 3 – As psicoses*. Rio de Janeiro: Zahar, 1988.

_____. *Outros escritos*. Rio de Janeiro: Zahar, 2003.

LAPLANCHE, Jean; PONTALIS, Jean Bertrand. *Vocabulário da Psicanálise*. São Paulo: Martins Fontes, 1992.

LIGA DE NEUROCIRURGIA SISTEMANERVOSO.COM. *Sistema límbico e memória*. Disponível em: <http://www.sistemanervoso.com/pagina.php?secao=2&materia_id=463&materiaver=1>. Acesso em: 1º/8/2013.

McCLELLAND, D.C.; BURHAM, D. H. "O poder é o grande motivador". In: VROOM, V. H. (Org.) *Gestão de pessoas, não de pessoal*. Rio de Janeiro: Campus, 1997.

McCLELLAND, D.C. *A sociedade competitiva: realização e progresso social*. Rio de Janeiro: Editora Expressão e Cultura, 1972.

MEDINA, John. *Aumente o poder do seu cérebro*. 12 regras para uma vida saudável, ativa e produtiva. Rio de Janeiro: Sextante, 2012.

MICHAELIS. Significado de desafio. *Michaelis: dicionário de Português Online*. Disponível em <http://michaelis.uol.com.br/moderno/portugues/index.php?lingua=portugues-portugues&palavra=desafio>. Acesso em: 1º/8/2013.

MOREIRA, Wellington. *O lócus de controle*. Disponível em: <http://www.caputconsultoria.com.br/artigos/231-o-locus-de-controle>. Acesso em: 1º/8/2013.

MLODINOW, Leonard. *Subliminar:* como o inconsciente influencia nossas vidas. Rio de Janeiro: Zahar, 2013.

OLIVEIRA, Lúcia Helena de. Cérebro humano. *Superinteressante*, São Paulo, n. 27, dezembro. 1989. Disponível em: <http://super.abril.com.br/saude/cerebro-humano-endereco-inteligencia-439229.shtml>. Acesso em: 10/10/2013.

PHELPS, Elizabeth A. Human emotion and memory: interactions of the amygdala and hippocampal complex. In: *Current Opinion in Neurobiology*, Elsevier, 2004. Disponível em: <http://psych.nyu.edu/phelpslab/papers/04_CON_V14.pdf>. Acesso em 9/10/2013.

PSYCHOLOGY TODAY. *Dopamine*. Disponível em: <http://www.psychologytoday.com/basics/dopamine>. Acesso em: 1º/8/2013.

REDAÇÃO GALILEU. Pessoas bonitas têm mais sucesso profissional. *Galileu*. Disponível em: <http://revistagalileu.globo.com/Revista/Common/0,,EMI265112-17770,00.html>. Acesso em: 1º/8/2013.

SCHENBERG, Mário. *Pensando a física*. São Paulo: Nova Stella Editorial, 1990.

SCHWARTSMAN, Hélio. Os prazeres que vêm do cérebro. *Folha de S. Paulo*, São Paulo, 13 jun. 2010. Disponível em: <http://www1.folha.uol.com.br/fsp/ilustrissima/il1306201004.htm>. Acesso em: 10/10/2013.

SLATER, Lauren. *Mente e cérebro:* 10 experiências impressionantes sobre o comportamento. São Paulo: Ediouro, 2005.

SUPERINTERESSANTE. Feitos para ter prazer. *Superinteressante*, São Paulo, n. 163, nov. 2011. Disponível em: <http://www.superinteressante.

pt/index.php?option=com_content&view=article&id=1060: feitos-para-ter-prazer&catid=24:artigos&Itemid=104>. Acesso em: 10/10/2013.

THE FBI. Psycopathy. The FBI, julho. 2012. Disponível em: <http://www.fbi.gov/stats-services/publications/law-enforcement-bulletin/july-2012/psychopathy-an-important-forensic-concept-for-the-21st--century>. Acesso em: 30/9/2013.

UNIVERSIDADE FEDERAL FLUMINENSE. *O sistema nervoso autônomo.* Disponível: <http://www.uff.br/fisio6/PDF/sistema_cardiovascular/sistema_nervoso_autonomo.pdf>. Acesso em: 10/10/2013.

Este livro foi impresso pela
gráfica Bartira em papel lux cream
70 g em novembro de 2024.